# Herr Otto

## Widmung

Die Mitglieder des Gartens der Poesie widmen
diese Anthologie allen Kindern dieser Welt.
Kinder sind unsere Zukunft, dennoch müssen sie in vielen Teilen der Welt
hungern, erfrieren, werden gedemütigt und fallen Kriegen zum Opfer.
Kinder sind unschuldigen Opfer!
Die SOS Kinderdörfer versuchen seit Jahrzehnten den Kindern eine Heimat zu geben.
Wir möchten sie unterstützen und spenden 0,50 € von jedem verkauften Buch dieser großartigen Organisation, den SOS Kinderdörfern.

| | |
|---|---|
| Projektleiterin | Herausgeber |
| Sabine Brauer | Bernd Rosarius |

Garten der Poesie

# Herr Otto

## Eine Entdeckungsreise durch den Garten der Poesie für Kinder ab 10 bis hin zum Greis

Bibliografische Information der Deutschen Nationalbibliothek: Die Deutsche Nationalbibliothek verzeichnet diese Publikation in der Deutschen Nationalbibliografie; detaillierte bibliografische Daten sind im Internet über http://dnb.dnb.de abrufbar.

© 2016 Name des Autors/Rechteinhabers **Garten der Poesie**

Illustration/Fotos/Bilder: **Mitglieder aus dem Garten der Poesie**
Buchcover: **Camaela Regine Stahl**
Texte: **Mitglieder aus dem Garten der Poesie**

Herstellung und Verlag: BoD – Books on Demand, Norderstedt

ISBN: 978-3-7412-5155-9

## Siehe, es war sehr gut

Für dich hat Gott das All geschaffen,
die Sterne und das Himmelszelt.
Für dich gemacht den kleinen Affen,
der dich erfreut in dieser Welt.
Er schuf das Meer und auch die Berge,
die Menschen, groß, und klein wie Zwerge.
Er schuf die Sonne und den Regen.
Obst und Gemüse, dir zum Segen.
Gott schuf !!! So schallt zu dir der Ruf.
Und dieser Satz gibt Hoffnung, Mut!
Denn was Gott schuf, das war sehr gut!

© Sabine Brauer

## Zur ewigen Lampe

Zur ewigen Lampe, so hieß uns`re Kneipe,
der Name, er kommt mir noch heut in den Sinn.
Dort gingen die Männer des Dorfes gemütlich
zum Trinken, Erzählen und Skat dreschen hin.

Und rechts um die Ecke, da hing an der Mauer
für unsere Dorfjugend immer parat
für müde zehn Pfennig; man war ja genügsam,
ein alter und drehbarer Nuss-Automat.

Es sind oft die scheinbaren Dinge im Leben,
die man nie vergisst und die doch so viel wert.
Die ewige Lampe, schon lange erloschen,
hat heute mir Kindheitsgefühle beschert.

© Lizzy Tewordt

## Noch einmal Kind sein

Ich möchte gern noch einmal Kind sein,
so richtig toben, kreischen, schrei´n,
Versteck spielen in Wald und Büschen,
Froschlaich aus den Teichen fischen.

Aus Brettern eine Bude bauen,
beim Nachbarn auch mal Äpfel klauen,
den Fußball gegen Scheiben kicken,
und Omis in den Hintern zwicken.

Tagtäglich kleine Streiche machen,
die Leute necken, bis sie lachen,
von wunderschönen Dingen träumen,
vor Freude völlig überschäumen.

Einfach nirgends mehr hinein stressen,
die Alltagssorgen auch vergessen,
leben ungeniert, wie´s früher war,
noch mal Kind sein, wär doch wunderbar.

© Horst Rehmann

## Blindlinks

Manchmal schließe ich die Augen
stell mir vor wie es wäre
blind zu sein .

Als erstes würde ich die Abstände verringern
Nähe suchen und Halt.

Und was ich in die Hand nehmen würde
weniger schnell " loslassen " als bisher.

Vielleicht würde mir wieder warm werden
ums Herz wenn ich wieder lernte :

zu befühlen zu streicheln zu umarmen
die Menschen " Blindlinks " zu lieben.

© Christine Bücker

# Essen bildet...

Heut' gibt es Lisa's Lieblingsspeise.
Sie kann es kaum erwarten.
Die schmeckt ihr auf besond're Weise,
mit Kräutern aus dem Garten.

Oh ja, sie liebt die kleinen Nudeln.
Man kann mit ihnen schreiben,
beim Suchen mit der Suppe sudeln,
die Essenszeit vertreiben.

Ein großes L für ihren Namen,
das hat sie rasch gefunden.
Sie legt es auf den Tellerrahmen
Die and'ren brauchen Stunden.

Die Mama sagt: „Du musst nun essen.
Das magst du doch so gerne."
Ach je, das hab' ich ganz vergessen,
weil ich doch Schreiben lerne.

© Greta Hennen

## So ein Frechdachs

Die Mama hat ein Brot gebacken,
der Duft zog durch das Haus.
Hab mir ein Stückchen abgeschnitten.
Bin schnell zur Tür hinaus.

Die Mama meckert sicher rum:
„Das Brot ist noch ganz frisch.
Es sollte doch erst morgen früh
auf unsern Essenstisch."

Ich schleiche hinters Blumenbett
und halte mich versteckt.
Ich hoffe, dass mein Mütterlein
mich dort jetzt nicht entdeckt.

Wenn ich dann nachher Bauchweh hab,
vom süßen Zuckerbrot,
dann lasse ich ein Windchen weh´n
und werde nicht mal rot.

© Bild und Text Sabine Brauer

## Sandmännchenringe

Es war wieder so eine Nacht
die hat mich um den Schlaf gebracht.

Ich grübelte hin, grübelte her
einzuschlafen viel mir schwer.

Der Sandmann fand es nicht zum Lachen
er wollte Feierabend machen.

Sein Sandsack war schon lange leer,
der Sand hat keine Wirkung mehr.

Der Sandmann, voller Ungeduld,
gab seinem Sand die ganze Schuld.

Er glaubte, dass der Sand nichts tauge
und schlug mir dann, ganz fest, aufs Auge.

So ging ich dann auch prompt k. o.
und das Sandmännchen war wieder froh.

Es ging nach Haus, war guter Dinge
und ich hatte die Augenringe.

Der Augenring, wer hätt's gedacht,
wird vom Sandmännchen gemacht.

© Michael Jörchel

# Jakob-mein-Rabe

Es war ein schöner Wintertag und Weihnachten nicht mehr weit. Ein klar blauer Himmel und Sonnenschein. Zwar war es bitterkalt; aber sie Sonne lockte uns heraus. Auf unserem Stundenplan stand „Sport". Jedoch eine Halle dafür hatten wir nicht. Wir waren schließlich nur Dorfschulkinder. So gingen wir mit unserem Lehrer entweder zur Rodelbahn oder wenn der kleine Bach am Dorfrand zugefroren war, zum Schlittern auf das Eis. Es hatte genug gefroren und das Eis war dick und fest, um uns alle zu tragen. Wir Kinder hatten eine große Freude und tobten nach Herzenslust. Ich war auch nie ein Stubenhocker.
Dann aber herrschte plötzlich Stille. Eines der Kinder hatte im Gebüsch einen großen schwarzen Vogel gefunden. Es war ein kranker Rabe. Er konnte nicht mehr fliegen, weil der eine Flügel verletzt war. Wir alle hatten Tiere sehr lieb. In unserem Dorf gab es viele davon.
Nun mussten wir schnell beratschlagen, was wir tun wollten. Ich meldete mich und erklärte unserem Lehrer, dass ich eine Unter-

kunft für unseren Raben hätte und auch Futter. So bekam ich ihn zur Pflege. Ich wickelte das Tierchen in meinen Wollschal und durfte schnell heimgehen. Es war sehr kalt und unser Rabe sollte nicht länger frieren müssen. Ich sagte „Tierchen", aber es war ja ein großer schwarzer Vogel mit einem großen Schnabel. Angst konnte man schon bekommen vor ihm, aber ich nicht.
Ich war schon immer mit vielen Tieren zusammen gewesen und verstand mit ihnen umzugehen. Zu Hause angekommen, machte die Mutter erstaunte Augen:
„Was bringst du denn da mit?" sagte sie. „Ja, Mutter, hilf mir man gleich, der arme Kerl ist krank und ich will ihn gesund pflegen!",sagte ich. „Na, das wird sicher nicht leicht werden." meinte die Mutter.
Wir hatten einen leeren Kaninchenstall und den bekam Jakob, so nannte ich ihn, als Quartier. Ich gab ihm gleich Futter und zwar das, was unsere Hühner auch bekamen und einen Napf mit Wasser. Sein Krankenzimmer hatte ich schön mit Heu ausgepolstert, damit er ja nicht frieren sollte. Dann musste er sich erst einmal erholen,
sicher hatte er auch Schmerzen. Ich war sehr um meinen kleinen Freund besorgt. Mit seinen schwarzen Kulleraugen sah er mich ängstlich an und dachte sicher: „Was machst du nur mit mir?" - Ab und zu wollte er mich auch beißen. Der verletzte Flügel musste nun noch mit Holzstäbchen und Leinen-Bändchen geschient werden, was ihm sicher wehtat.
Es musste aber sein, schließlich wollte Jakob doch wieder gesund werden. Ich war
schon ein halber Vogeldoktor und Tierarzt geworden. Tiere waren immer meine besten Kameraden und Freunde und ich hatte sie sehr lieb. Das ist immer so geblieben.
Jakob nahm auch bald das Futter von mir an und darüber war ich sehr froh. Es ist gar nicht einfach, Vögel die im Freien leben so

um zu gewöhnen. Jeden Tag war ich bei ihm, wenn ich nicht gerade zur Schule musste. Morgens war er der erste und abends der letzte, um den ich mich kümmerte. Wir wurden die besten Freunde und Jakob hatte bald keine Angst mehr vor mir.

Als nun der Frühling kam, durfte Jakob endlich ins Freie auf unseren Hof und in den Garten. Ich blieb immer bei ihm, damit ihm nichts Böses geschah. Es sah schon komisch aus, wenn Jakob zwischen unseren Hühnern herum hopste und ich musste oft über ihn lachen. Wie ein kleiner König aus dem Morgenland kam er mir vor.
Stolz behauptete er sich zwischen der Hühnerschar. Da ich einmal hörte, Raben erlernen auch das Sprechen, hatte ich mir vorgenommen, er sollte wenigstens Jakob sagen können. Aber soviel ich auch mit ihm übte, er tat es einfach nicht. Ich hatte ihn aber deswegen genau so lieb. So verbrachten wir gemeinsam viele schöne Tage.

Dann machte Jakob plötzlich die ersten Flugübungen. Über einen hohen Zaun konnte er schon hinweg; aber er kam immer wieder zurück. Ich freute mich natürlich sehr, dass es meinem kleinen Freund so gut erging. Allerdings musste ich von jetzt an damit rechnen, dass er auch einmal weitere Ausflüge unternahm. So geschah es eines Tages, dass er weit davon flog. Es waren viele Raben auf den Feldern vor dem Dorf und auf den Wiesen und er kam diesmal nicht mehr zurück. Sicher war ich zuerst sehr sehr traurig und habe auch geweint. Das ist immer so, wenn man etwas hergeben muss, was man sehr lieb hat. Die Mutter tröstete mich dann aber und sagte: „Mein liebes Kind, freue dich von ganzem Herzen, das du deinem Jakob so helfen konntest; aber ein Tier bleibt ein Tier und man kann es nicht wie einen Menschen behandeln wollen. Es würde ihm nur schaden und er wäre

traurig, so wie du jetzt und das wolltest du doch auf keinen Fall, nicht wahr?"
Damit war ich auch zufrieden, wenn ich allerdings Raben schreien höre, denke ich heute noch gern an meinen lieben Jakob.

© Foto + Text Ilse Reese 24.02.2015

# Schwäne

© Kurt von der Heide

## Frühlingstanz

Ach was für eine Wonne
mein Herz das jubiliert,
wenn warme Frühjahrssonne
den Pulsschlag dirigiert,

dann geht mein Rhythmus schneller
treibt mir die Flausen aus,
vorbei die trüben Tage
ich ziehe froh hinaus,

um Blumen wach zu küssen
bis meine Wangen glüh'n,
den Frühling zu begrüßen
tanz ich durchs frische Grün.

© Heike Schmidt

**Frühlingszeit**

Er lächelt wieder in die Tage,
malt unsre Welt mit Farben an.
Macht, dass sie neues Leben trage,
färbt alles ein, so bunt er kann.

Wir lieben ihn, den Frühlingsknaben,
der Blumen auf die Wege streut,
und ringsum alle seine Gaben,
den Überfluss, die Blütenzeit.

Geflatter, Summen, hat kein Ende.
Im Sonnenlicht die Liebe glüht.
Doch auch bei lauer Tageswende,
der Mond, die Liebe blühen sieht.

Ach Frühling, schenke uns noch Zeit,
und gehe nicht so schnell vorüber.
Noch scheint das Abschied nehmen weit,
doch du wirst gehn. Ach komm bald wieder.

© Barbara Kopf

## Wenn ...

Wenn Wäsche flattert an den Leinen,
die grauen Wolken nicht mehr weinen,
wenn Vögel ihre Liedlein singen,
die Bienen süßen Honig bringen,
wenn Schwalben ihre Nester bauen,
die Hennen nach den Küken schauen,
wenn in den Teichen Frösche laichen,
die Maler frisch Fassaden streichen,
wenn Pärchen sich im Grase räkeln,
die Omis neue Deckchen häkeln,
wenn Blumen in den Beeten sprießen,
die Menschen ihre Gärten gießen,
wenn Bauern ihren Weizen säen,
die ersten grünen Wiesen mähen,
wenn die Sonne lacht am Firmament,
sich der Mensch vom Wintermantel trennt,
und die Landschaft strahlt im neuen Kleid,
dann ist sie da – die Frühlingszeit.

© Horst Rehmann

## Wonnemonat Mai  Es war einmal.......

vor langer Zeit, ein kleines Mädchen, dass trotzdem der Krieg die Schweiz, wenn auch nicht in der schlimmsten Weise heimgesucht hat, für's Leben Dinge lernte, die es Heute noch prägen. Heute geht es um die Maikäfer, für mich grausige und schreckliche Dinger und für mich Heute noch der Horror, wenn ich nur ein solches Biest sehe. Eigentlich sind die ja ganz lustig anzuschauen, Kinder mögen die besonders, weil sie so nett krabbeln und "krüselen" auf der Hand und vor allem, weil sie einem nichts tun.

Ja das waren noch Zeiten (welche viele von Euch vielleicht nicht selbst, oder wenn Ihr jünger seid, gar nie erlebt habt) ausser vielleicht als Schoggimaikäfer. Da haben sich die Knaben einen Spass daraus gemacht, den Mädels die Pullover mit Maikäfer zu füllen, vorallem dann, wenn sich die Mädels nicht dagegen zur Wehr setzen konnten. Ich war natürlich dermassen schlecht auf das Ungeziefer (Maienkäfer) zu sprechen, dass ich den Jungs verbal drohte, dass die Angst vor mir hatten. Mein Mundwerk hat mich schon oft gerettet, obwohl ich so klein von Statur bin.

Nun aber mal der Reihe nach, als ich ein kleines Mädchen war, galten die Maikäfer als Ungeziefer, das man mit aller Macht ausrotten sollte. Alle die einen Garten, oder Wald haben wissen, wovon ich rede. Zu der Zeit war jede Haushaltung verpflichtet, in den Wald Maikäfer schütteln zu gehen, dafür hat man unter den Bäumen Tücher ausgebreitet und die Bäume geschüttelt, die herunter geschüttelten Maikäfer in die Bottiche geladen, die man dabei hatte. Damit nach Hause gefahren, wo man die Tiere mit Heisswasser töten musste und sie dann zur Sammelstelle bringen. Dafür bekam man dann einen kleinen Batzen Geld und das nannte man damals Ungeziefer ausrotten. Wehe wenn man den Bottich aufmachte, um die toten Viecher heraus zu fischen, das hat jeweils dermassen gestunken, dass ich das Heute noch rieche. Auch wenn ich jetzt nur ein einzelnes dieser Tiere sehe.

Ich weiss nicht in wieweit Ihr das bei Euch kennt, bei uns heisst das Maiandacht. Das sind so Andachten der Kirche im Mai, welche wir Schüler jeweils besuchen mussten. Ich unterwegs mit dem Velo meiner Mutter und Andacht aus, etwa um 08:30 h. Dann hiess es den Kopf auf den Lenker gebeugt und pedalen, auf Teufel komm raus, denn bei den sogenannten Flugjahren war die Nacht voll und schwarz von den Viechern. Es gab keinen Abend, an dem man nicht so ein Mistding irgendwo mitschleppte.

In späteren Jahren, als wir dann nach dem Turnen, oder was auch immer, in die Beiz durften, wo sich die Maikäfer unter dem Licht tummeln, wussten die Burschen nicht lustigeres, als diese den Mädchen Hände voll in die Kleider zu lassen. Nun wisst Ihr vielleicht, weshalb ich diese Dinger so hasse.
   © Gabriella Dietrich

# Eichhörnchen

Eichhörnchen, hast du dich verirrt;
bei uns hier bist du nicht im Wald.
Habe eigentlich geglaubt,
dort nur wär` dein Aufenthalt.

Nun sah ich dich vor unser`m Haus
und konnt es nicht begreifen.
Merkst du, dass hier im Eichelbaum
für dich die Früchte reifen?

Sicher bist du weit gewandert;
du schwingst dich doch von Baum zu Baum.
Bist im Akrobatenleben
für sie ein unerreichter Traum.

© Gemälde + Text Ilse Reese

## Gestatten?

Ich bin im hellem Sonnenschein
ein kleines Gänseblümelein,
ich bin des Himmels schönstes Blau,
ein Diamant im Morgentau.

Ich schweb als zarte Blütendüfte
zu euch, durch die lauen Lüfte,
dreh mich als Schmetterling im Tanze,
bin auf dem Feld die junge Pflanze.

Ich husche durch das Blattgeäst
und bau als Eichhörnchen mein Nest,
Ich bin jetzt alles das, was blüht,
des Vögleins frühes Morgenlied,

Als Fröschlein quake ich im Teich,
als Hasenkind spring ich sogleich,
über Wiesen, lustig und munter,
die Welt mach ich nun für euch bunter.

Ich bin der, der die Sonne küsst,
ich bin das, was im werden ist,
fröhlich zieh ich jetzt durchs Land,
Frühling werde ich genannt.

© Sabine Müller

## Zarte Knospen

Ich gehe durch meinen Garten
wie ein kleines Kind
und zärtlich streichelt
mich der Frühlingswind.

Auf dem Weg da sehe ich
Weidekätzchen liegen
und im schon erblühten Kirschbaum
tollen sich die Bienen.

Alles sprießt und Knospen strecken
sich dem Licht entgegen
ich halte inne und im Verweilen
spüre ich Dein´ Segen.

Wie alles entsprungen und erschaffen
durch Deine Hand
ich berühre eine aufbrechende Knospe
mit all meinem Verstand.

Himmelsgleich erscheint mir all das Blühen
und ich ertrinke im Sonnenlicht.
Was geboren , wird bald sterben ;
doch die zarten Knospen die vergess ich nicht.

© Christine Bücker

## Der Mietnomade

Sein richtiger Name ist Friedhelm. Doch das weiß keiner. Im Laufe seines Lebens hat er sich viele Namen zugelegt. So viele, dass er sie gar nicht mehr alle weiß. Manche kennen ihn unter dem Namen Theo, Paul oder Willi. Andere nennen ihn Karl, Fritz oder auch Bruno. Es ist ihm gleich, wie man ihn nennt, Namen bedeuten ihm nichts. Friedhelm ist ein Nomade. Ein sogenannter Mietnomade. Sein ganzes Leben hat er noch nicht einmal Miete gezahlt und hat es auch in Zukunft nicht vor.

Er lebt sehr gut und gerne auf Kosten anderer. Ein schlechtes Gewissen hat er deshalb nicht.
Mit seinem angeborenem Charme, mit dem er Männer und Frauen gleichermaßen für sich einnimmt, hat er es bis jetzt immer geschafft, eine für ihn angenehme Unterkunft zu finden. Doch allzu lange hält es ihn nicht an einem Ort, das ist nichts für ihn. Sein Drang nach Freiheit ist einfach zu groß. Wenn ihn die Sehnsucht nach einer Veränderung packt, dann muss er einfach weiterziehen. Er kann nichts dagegen tun, gegen dieses Bedürfnis kommt er nicht an. So auch heute wieder. Ohne sich noch einmal umzudrehen, verlässt er sein jetziges Zuhause. Sein ganzes Hab und Gut lässt er zurück. Es ist ohnehin nicht viel, was er besitzt.
Schon vor ein paar Tagen hat er einen neue Bleibe ausfindig gemacht. Dorthin ist er jetzt unterwegs.

Friedhelm ist sechs Jahre alt. Und Friedhelm ist ein Kater.

© Sabine Müller

# Simba

Simba, unser kleiner Wüstenkönig.
Du gabst so viel und nahmst so wenig.
Jeden Tag warst du bei uns zu Gast.
Du kanntest weder Ruh noch Rast.

Dankbar warst du für jede Kleinigkeit.
Du hattest immer für uns Zeit.
Du warst unser Kuschelkätzchen
mit deinen kleinen samtweichen Tätzchen.

Jeden Abend hast du auf uns gewartet.
Und morgens bist du durchgestartet.
Es gab so viel für dich zu erleben,
doch du warst uns treu ergeben.

Wir haben dich geliebt,
weil es kein süßeres Kätzchen gibt.
Und dennoch ließen wir dich allein.
Doch es wird nicht für immer sein.

Du lebst in unsrem Herzen fort,
und bist du auch nicht mehr vor Ort,
wir treffen uns bald wieder dort..

Ciao, bis nächstes Jahr,
du kommst so lang alleine klar...

© Ingrid Hartung

## Herr Otto

Herr Otto lief schnell wie der Wind - naja, fast... er war ja nicht mehr der Jüngste und seine Knochen machten ab und zu sehr merkwürdige Geräusche. Es knackte und quietschte, aber dies hinderte ihn nicht daran, gut gelaunt über Wiesen und Felder zu toben. Sabine, seine treue Begleiterin, hatte er sehr gut erzogen. Immer wenn er es wollte, warf sie einen großen Stock, hinter dem er dann voller Freude hinterher laufen konnte. Das war ein Spaß. Sie machten es nun schon seit so vielen Jahren und er hatte immer noch so viel Freude daran.

Heute schien Sabine nicht richtig bei der Sache zu sein und Herr Otto musste sie mehrmals laut anbellen bevor sie dann endlich den Stock warf. Sie wirkte ein wenig traurig. Das hing sicher mit diesem merkwürdigen Menschen zusammen, der ihn nicht mochte. "Flohteppich" hatte er Herrn Otto genannt. So eine Frechheit! Herr Otto hatte in seinem ganzen Leben noch nie einen einzigen Floh gehabt! Dieser Mensch roch auch überhaupt nicht gut. Herr Otto konnte überhaupt nicht verstehen was Sabine mit diesem Kerl zu tun haben wollte.

"Immer noch bin ich der Herr im Hause" hatte Herr Otto gedacht, als diese schlecht riechende Kreatur SEINER Sabine viel zu nahe kam. Ohne lange zu überlegen hatte Herr Otto dann das Bein gehoben und sein Revier am Hosenbein dieser Person abgesteckt. Der machte vielleicht ein Theater... richtig ausfallend ist er geworden und Sabine hat ihn dann kurzerhand vor die Tür gesetzt. Auf Sabine war eben immer Verlass. Wieso sie jetzt traurig war, konnte er beim besten Willen nicht verstehen. Das war ein ganz übler Typ und auf seine Nase konnte Herr Otto sich noch immer verlassen.

"Ich denke, es ist das Beste, wenn ich Sabine einen geeigneten Begleiter suche", sinnierte Herr Otto vor sich hin "da gibt es doch diese wunderschöne Terrierdame in der Nachbar-schaft. Sie hat einen sehr gut riechenden Menschen. Und ich hätte nebenbei auch noch ein wenig Abwechslung auf meine alten Tage..." Als sie auf dem Nachhauseweg an dem Haus der Terrierdame vor-beikamen, lief Herr Otto ganz schnell auf das Grundstück und setzte sich vor die Haustür. Auf Sabines Rufen reagierte er nicht. Sollte sie doch herkommen. Dann ging die Haustür auf und Herr Otto nahm die Gelegenheit wahr, schnell hinein zu laufen. Die Terrierdame zierte sich zunächst zwar ein wenig, aber letztend-lich konnte sie seinem Charme nicht widerstehen. Sabine unter-hielt sich mit dem netten Menschen und... weinte. Es war hoff-nungslos. Wie konnte er sie nur von ihrem Kummer befreien?

Sabine verabschiedete sich und so traten sie beide mit hängen-den Köpfen den Rückweg an. Am nächsten Morgen hatte seine Sabine ganz verheulte Augen, streichelte Herrn Otto und mur-melte immer... "es tut mir so leid... es tut mir so leid..." Herr Otto verstand natürlich nicht was sie sagte, aber er spürte das irgen-detwas nicht stimmte. Als Sabine ihn dann in ihr kleines Auto steigen ließ, hatte er so gar kein gutes Gefühl. Als sie nach einer ziemlich langen Fahrt (für Herrn Otto war jede Autofahrt zu lang, denn ihm wurde davon immer übel) ausstiegen und ihm die Ge-gend ziemlich bekannt vorkam, wurde ihm klar warum ihm so mulmig war.

Tierarzt... was zum Teufel wollten sie denn hier nun schon wie-der. Sie waren doch erst letzte Woche hier gewesen und Herr Otto musste eine ganz fiese Spritze über sich ergehen lassen. Ok,

in der letzten Zeit ging es Herrn Otto nicht immer so gut. Aber muss man nun deswegen gleich jede Woche zum Veterinär rennen.
Seine Sabine fing schon wieder zu weinen an und der Doktor nahm sie liebevoll in den Arm. "Zu blöd, dass er Tierarzt ist", dachte Herr Otto "der wäre für Sabine sonst echt in Ordnung".
....eh sich Herr Otto versah, lag er schon auf dem Behandlungstisch, der sehr eklig nach allem möglichen roch, nur einfach nicht gut. Dann spürte er die Spritze in seiner Haut und schlief ein...

Für Sabine wachte Herr Otto nie wieder auf, denn sie hatte sich entschlossen, ihm einen sanften Tod zu schenken, da ihr der Tierarzt gesagt hatte, dass es
für ihn keine Hoffnung auf Heilung mehr gab. Herr Otto aber....er wachte wieder auf.
Er ist nach wie vor an der Seite seiner Sabine... auch wenn sie ihn nicht sehen kann...

© Camaela Regine Stahl

## Die Sache mit dem Vertrauen

An mein Ex - Herrchen!

Ich saß schon so lange dort und wartete auf dich. Dabei sagtest du zu mir, es würde nicht lange dauern, du wärst gleich wieder da. Doch eine Nacht und fast ein ganzer Tag waren vergangen und du kamst immer noch nicht zurück. Ich hatte großen Hunger und Durst, aber am schlimmsten war die Angst, die ich hatte. Es konnte doch nicht sein, dass du mich vergessen hattest, oder? Du sagtest, dass wir zusammen in den Urlaub fahren würden. Vom Meer und vom Strand hast du mir erzählt, und dass wir beide dann sehr viel Zeit zusammen verbringen würden. Oh, wie sehr hatte ich mich darauf gefreut...

Jetzt bin ich in einem Heim gelandet, in dem noch viele andere Tiere sind. Hier gibt man mir zu fressen und geht mit mir Gassi. Manchmal spielt auch ein freundlicher Mensch mit mir. Aber ein richtiges Zuhause ist das nicht. Die meiste Zeit bin ich allein in meinem Zwinger, und dann denke ich an dich und versuche zu verstehen, warum du mich ausgesetzt hast. Denn das haben sie hier gesagt, ich wäre ausgesetzt worden. Was habe ich bloß falsch gemacht, dass du so gehandelt hast?

Du hast mein Herz gebrochen. Du hast mir alles genommen. Mein Zuhause und meine Sicherheit. Meine Liebe zu dir hast du mit Füßen getreten. Du hast mich einfach entsorgt, wie ein altes Möbelstück, dass nicht mehr zur Einrichtung passt. Trotz allem würde ich dir immer wieder bedingungslos mein Herz schenken, so groß ist meine Liebe zu dir. Würdest du jetzt kommen, um mich wieder zu dir zu holen, wäre ich der glücklichste Hund auf der ganzen Welt. Doch schwindet meine Hoffnung mit jeder Minute, jeder Stunde und jedem Tag, den ich hier bin, mehr....

Heute kam eine junge Frau hier her, die sich viel mit mir beschäftigt hat. Die fand ich eigentlich ganz nett. Morgen will sie wieder kommen und mich mit zu sich nach Hause nehmen, hat sie gesagt. Eigentlich wäre es wirklich sehr schön, wieder ein richtiges Zuhause zu haben, mit einem kuscheligen Körbchen und mit einem Menschen der mich liebt, und dem ich meine Treue und Liebe schenken kann. Aber soll ich es wirklich wagen und wieder einem Menschen mein ganzes Herz schenken? Ich glaube, ich versuche es noch einmal. Die Sache mit dem Vertrauen. Und vielleicht habe ich diesmal ja mehr Glück. Ich wünsche es mir so sehr.

Dein Ex-Hund

© Sabine Müller

## Das Trampeltier

Es war einmal ein Trampeltier,
das trampelte so dort und hier,
mit Dideldei und Dideldum,
sehr gern auf anderen herum.

Von Rücksicht hielt es gar nicht viel,
Achtung der and´ren, nicht sein Ziel,
es dachte sich, es wär korrekt,
wenn ihm allein gelte Respekt.

So trampelte es alle Tage,
und wurde bald zu einer Plage,
niemand hatte es mehr gern,
jeder hielt sich von ihm fern.

Nun war es einsam und allein,
dass fand es überhaupt nicht fein,
reumütig wurde ihm jetzt klar,
dass sein Verhalten Schuld dran war.

Alsdann kehrte beschämt es um,
gelobte glaubhaft Besserung,
und zur Freude jedermann,
hielt es sich fortan daran.

Es war einmal ein Trampeltier,
das trampelte so dort und hier,
mit Dideldei und Dideldum,
nie mehr auf anderen herum.

© Sabine Müller

## Die WG

Da ich nicht länger allein leben wollte, hatte ich mir überlegt eine WG zu gründen. Lange hatte ich nach einer geeigneten Mitbewohnerin gesucht, bis ich Lisa kennenlernte. Wir verstanden uns auf Anhieb und waren uns beide von Anfang an sympathisch. Und da Lisa auch nicht länger allein sein wollte, war es schon bald beschlossene Sache. Lisa zog bei mir ein.
Am Anfang war auch alles gut und schön. Das Zusammenleben mit uns beiden funktioniert prima. Wir verbringen den größten Teil unsere Freizeit zusammen und haben auch viel Spaß miteinander. Ansonsten gehen wir jede unsere eigenen Wege. Wenn ich morgens das Haus verlasse, um zur Arbeit zu gehen, verlässt auch Lisa das Haus. Nie verliert sie ein Wort darüber, wohin sie geht. Und ich frage sie auch nicht danach.

Doch seit einiger Zeit legt Lisa ein Verhalten an den Tag, dass mich ein wenig stört. Sie leiht sich meine Sachen aus, ohne mich vorher zu fragen. Meistens sind es ja nur Kleinigkeiten, wie zum Beispiel mein Haargummi, meine Nagelfeile oder einen Schal. Das wäre ja gar nicht so schlimm, wenn sie die Sachen dann später wieder zurück geben würde. Das tut sie aber nicht und das ärgert mich dann doch schon, wenn ich meine Sachen suchen muss.
Aber heute hat sie es übertrieben. Meine neuen Sandalen, die ich heute unbedingt anziehen wollte, sind spurlos verschwunden. Das geht jetzt doch zu weit. Und gerade heute hat Lisa das Haus schon vor mir verlassen, so dass ich sie nicht darauf ansprechen kann.

Immer noch ärgerlich kam ich abends nach Hause und kurze Zeit später war auch Lisa wieder da. Müde legte sie sich sogleich auf´s Sofa um ein Nickerchen zu machen. Ich ging zu ihr ins Wohnzimmer und setzte mich ihr gegenüber in den Sessel. Ich wollte die Sache ein für allemal klären. "Lisa, wir müssen reden" sagte ich zu ihr. "So geht das nicht mehr weiter". Doch Lisa gähnte nur und schaute mich mit ihren großen, schönen Augen verwundert an. Da verflog meine schlechte Laune augenblicklich und ich musste jetzt doch über mich selber lachen. Hatte ich denn wirklich erwartet, dass meine Katze mit mir reden würde?

© Sabine Müller

## Familienausflug

Es war Frühling, die Sonne strahlte und das erste zarte Grün löste sich aus den Knospen der Bäume, Sträucher und Hecken. Froh gelaunt spazierte Familie Sommer in die Allee, eine mit Linden und Erlen dicht gesäumte Straße. Auf der linken Seite schlängelte sich ein Bachlauf, auf dem sich die Enten und Wasserhühner tummelten. Gegenüber standen herrschaftliche Villen umgeben mit parkähnlichen Gärten.
Sebastian, ein aufgeweckter sechsjähriger Blondschopf, lief geradewegs auf eine Katze zu, die im hohen Gras am Ufer des Baches saß. Als er näher kam, hob sie ihren Schwanz und strich ihm um die Beine. Die Eltern konnten gerade noch sehen, wie ihr Sohn durch ein Gartentor, hinter dem sich ein wunderschönes Anwesen befand, verschwand.
Sebastian rannte der Katze nach und landete hinter dem Haus auf einer großen Fallobstwiese. Unter einem blühenden Kirschbaum saß ein alter Mann auf der Bank. Eine dunkelblaue Schirmmütze bedeckte sein silbergraues Haar. Als er den erschrockenen Blick des Jungen vernahm, musste er schmunzeln. Oskar, der Kater, legte sich neben sein Herrchen auf die Bank und schnurrte vor Zufriedenheit. Herr Wiegand, so hieß der alte Mann, stellte dem "Eindringling" einige Fragen und sie kamen in ein munteres Gespräch, was durch Vater Sommer jäh unterbrochen wurde. Der entschuldigte sich für das Verhalten seines Sohnes und verließ mit ihm den Garten.
Einige Wochen später, mittlerweile war es Mai und für die Jahreszeit viel zu warm. Sebastian dachte fast täglich an den freundlichen alten Mann und fasste den Entschluss, ihn zu besuchen. Am Abend vorher wurde der kleine Rucksack mit Brot, Wurst und Süßigkeiten vollgestopft und der kleine Spazierstock bereit-

gestellt. Zum Schluss wurde auch noch das Sparschwein geschlachtet.
Morgens verabschiedete er sich wie immer von seiner Mutter, um in den Vorschulkindergarten zu gehen. An der nächsten Straßenecke änderte Sebastian die Richtung und ging schnurstracks auf den Bahnhof zu. Dort angekommen, fragte er den verschlafen dreinblickenden Bahnbeamten hinterm Schalter: "Wann fährt der nächste Zug in die Stadt?"
"Was willst du kleiner Knirps schon so früh dort?" fragte der Beamte zurück. Sebastian, nie um eine Antwort verlegen, erwiderte: "Ich will meinen Opa besuchen, der wartet schon auf mich."
Endlich war es geschafft, die Allee lag vor ihm, und das letzte Stück Weg legte Sebastian laufend zurück. Zögernd trat er durch das Holztor und ging über den Kiesweg ums Haus, direkt in den Garten, wo er Herrn Wiegand bei der Gartenarbeit antraf. Da stand er nun, in der rechten Hand hielt er seinen Spazierstock fest umklammert, seinen Rucksack ließ er ins Gras fallen. Schweißperlen kullerten ihm über das Gesicht und überhaupt machte Sebastian einen ziemlich erschöpften Eindruck.
"Na, mein kleiner Freund, du bist wohl von Zuhause ausgebüxt." Mit ein paar Schritten war der alte Wiegand bei ihm, fasste seine kleine Hand und so gingen sie über die Terrasse ins Haus. Oskar, der dösend im Gras lag, war nun auch aufgewacht und schlich den beiden nach. Als sich der kleine Ausreißer erfrischt hatte, sprudelten die Worte nur so aus ihm heraus. Geduldig hörte ihm der alte Mann zu und wenige Minuten später wurde Sebastians Vater, der ganz in der Nähe eine eigene Tischlerei hatte, telefonisch informiert. Er wurde bereits in der Haustür vom alten Wiegand erwartet. Die Männer durchqueren die Diele und kamen in das geräumige Wohnzimmer, was einer Bibliothek glich. Die alte Standuhr schlug, als Sebastians Vater seinen Blick durch den Raum schweifen ließ. Seine Aufmerksamkeit galt dem mit Natur-

steinen gemauerten Kamin. Plötzlich hielt er inne und starrte auf das vergilbte Foto im Silberrahmen auf dem Kaminsims. Eine junge Frau mit einem Baby war zu erkennen. Mit erregter Stimme rief er: "Wie kommen Sie an das Foto meiner Mutter?" Verwundert sah ihn der alte Mann an, dann erzählte er von Agnes Sommer, die er als junger Soldat in den Kriegswirren kennen gelernt hatte. Man wollte so schnell wie möglich heiraten, da Agnes ein Kind erwartete. Leider kam alles ganz anders. Er geriet in russische Gefangenschaft und als er zurückkam, habe er über Jahre versucht, seine Agnes und seinen Sohn Joachim ausfindig zu machen. Es war alles vergebens.

Stille trat ein, nur das Ticken der Standuhr war zu hören, die beiden Männer standen sich gegenüber, ihre Blicke trafen sich und Vater und Sohn fielen sich in die Arme und waren überwältigt vor Rührung.

Mit großer Spannung hatte sich Sebastian alles mit angehört und dachte: "Dann habe ich dem Bahnbeamten doch die Wahrheit gesagt."

© Anneliese Leding

## Ein Tag beginnt

Beim Lauschen in die Dunkelheit,
hör ich der Krähen Flügelschlag,
am Himmel macht ein Grau sich breit,
schon bald beginnt ein neuer Tag.

Der Wind rauscht durch den Blätterwald,
weckt Kleingetier in Gras und Strauch,
Meister Lampe macht am Wegrand Halt,
und eine Feldmaus tut es auch.

Erste Nebelschwaden ziehen,
wie kleine Schäflein übers Land,
und die Fledermäuse fliehen,
in dunkle Nischen in der Wand.

Am Horizont zeigt nun mit Macht,
die helle Sonne ihr Gesicht,
der neue Tag ist voll erwacht,
die Erde strahlt im schönsten Licht.

© Horst Rehmann

## Der Krötenkönig Willibald

Der Krötenkönig Willibald
ist in die Annabell verknallt,
die coolste Krötenbraut am Teich,
als er sie sah, wusste er gleich,
die oder keine soll es sein,
der Duft von ihrem Krötenschleim,
hat ihn betört
und er schwört,
dass sein Herz nur ihr gehört.

Die schönsten Lieder quakt er ihr,
die ganze Nacht, bis früh um vier,
so macht er ihr galant den Hof,
doch das ist Annabell zu doof.
Diese Braut, sie ist nicht ohne,
verlangt Geschmeide und ´ne Krone,
und ein Gewand
aus purpursamt,
als des Königs Liebespfand.

Da kriegt der Willibald ´nen Schreck,
nein, diese Braut ist gar zu keck,
so hat er sich das nicht gedacht,
weshalb er jetzt den Rückzug macht.
So eine die sein Herz verschmäht,
die seine Liebe nicht versteht,
die will er nicht,
ist nicht erpicht,
auf solch zweifelhaftes Glück.

Jetzt trifft er sich mit der Heide,
die ist auch ´ne Augenweide,
ist sehr charmant und hat Humor,
und wenn er quakt, ist sie ganz Ohr,
lauscht seinen Liedern mit Entzücken,
badet verklärt in seinen Blicken.
Und voller Freude,
quaken nun beide,
im Duett, Seite an Seite.

So hat der König Willibald,
sich in die Heide jetzt verknallt,
das ist ´ne Braut nach seinem Sinn,
drum wird sie seine Königin.
Voll Glück ist er ganz weg und hin,
seine Liebste ist ein Hauptgewinn.

Und mit Wohlbehagen,
hört man sie quaken,
die schöne Heidekönigin.

© Sabine Müller

## Falscher Landeplatz

Ein dicker Käfer, kritze - kratze
landet auf einer Löwentatze.
Der Löwe schielt nur einmal hin,
dies' Tierlein ist zu klein für ihn.
Und auch der Käfer merkt's sehr schnell,
er findet nichts im Löwenfell.

Drum will erheben sich das Tier:
„ Was soll ich denn auch weiter hier?"
Da beißt den Löwen eine Zecke,
und dieser wälzt sich zu dem Zwecke,
das Ungeziefer loszuwerden,
denn es bereitet ihm Beschwerden.

Oh Schreck, der Käfer denkt benommen,
das wär' mir beinah' nicht bekommen.
Fast hätt die letzte Stund geschlagen,
Ach, Gott, wie muss man sich doch plagen.
Er taumelt hoch, mit viel Gebrumm.
"Nun, hier zu landen, "das war dumm.

© Gisela Siepmann

## Leo Löwenzahn

Löwe Leo armer Tor
einen Zahn dereinst verlor
und im Magen wird's schon flau
Clarence, seiner lieben Frau

Denn der Leo sucht Ratz Fatz
nun nach einem Zahnersatz
Doch nach Abzug jeder Steuer
ist der immer noch zu teuer

Viel bess're Preise sind bekannt
beim Arzt im schönen Ungarland
Und so ist er auch schon weg
die Widerrede ohne Zweck.

Doch der Doktor wittert Späne
zieht ihm einfach alle Zähne.
und ersetzt die ganze Pracht
mit der Leo jetzt gern lacht.

Um die Rechnung zu vergüten
schickt nach Ungarland er Blüten
Löwenzahn in wahrer Pracht
Darüber jetzt der Arzt nicht lacht.

Leo schreibt, wenn er's nicht nimmt
und die Rechnung so nicht stimmt
muss er auf Pusteblumen warten
die bald schon steh'n in seinem Garten

Soll diese Tour nie mehr versuchen
Zur Zahlung sagt er: Pustekuchen

© Greta Hennen

## Meistens arbeitet er Untertage

Ein Maulwurf drehte schon seit Stunden,
in meinem Rasen seine Runden.
Nun ruht der Wühler sich kurz aus
und schaut zum Maulwurfshügel raus.
Sieht sich sein Werk von oben an.
Denkt: Das Grüne,
das kommt gleich noch dran.

Bild und Text © Sabine Brauer

# Eine kurze lustige Geschichte

Ganz nah beieinander saßen sie, die zwei Regenwürmer Ditsch und Datsch, und schwiegen vor sich hin. Jeder döste und beschäftigte sich damit, sich zu schonen und an das Wichtige - an Nix denken - zu denken.
„He du", sagte Ditsch plötzlich zu Datsch, „schläfst du?" „Uah" gähnte Datsch, „nee, ich schone mich." „Aber du hast ja deine Augen zu", bemerkte Ditsch, „das sieht so aus wie Schlafen." „Nee, ich schone sie." -
Nach einer Weile. „Uaaahh, ist das Schonen langweilig, uaaahh. und erst an das Wichtige - an nix denken zu denken -." „Ja, mir ist auch langweilig, uaaahh, nur immer Gähnen, schonen und - an nix denken, denken - macht keinen Spaß." „Wie recht du hast, es macht keinen Spaß, nee, nee", Datsch schüttelte sich ein paar Erdkrumen vom Fell. Sollen wir nicht etwas unternehmen? Ich kann dir auch eine lustige Geschichte erzählen? „Dann hätten wir miteinander so richtiggehend Spaß", schlug Ditsch vor, obwohl Regenwürmer ja nicht gehen können. Aber richtigkriechend hört sich zu blöd an. „Ach, ich weiß nicht, ich will mich ja nicht vom Schonen abhalten lassen, und auch nicht vom Wichtigen - an Nix denken zu denken - an das ich immerfort denken muss." -
Nach der zweiten Weile.
„Vielleicht eine ganz Kurze, Ruhige, der das Schonen und das - an Nix denken zu denken- nichts ausmacht, und die dem Schonen, wie dem - an Nix denken zu denken - ebenso nichts ausmachen?"
„Wenn du meinst, aber nur eine ganz Kurze." -
Nach der dritten Weile
„He du Datsch - weißt du, wie lang, kurz ist? Ich weiß es nämlich nicht mehr, vor lauter an das............", musste Ditsch bekennen,

denn es fiel ihm einfach nicht ein, wie lang kurz ist. „Na kurz ist selbstverständlich viel kürzer, als lang", bekam er zur Antwort. „Ach ja, ist gut." -
Und wieder nach einer Weile
„He du - kannst du mir sagen wie lang, lang ist? Mir fällt nämlich gerade auch nicht ein, wie lang, lang ist." „Na eben länger, als kurz, ist doch einfach", brummte Datsch, jetzt schon ein wenig ungehalten, -
Nach der nächsten Weile.
„Kannst du mir vielleicht sagen, wie ich kurz von lang und lang von kurz unterscheiden soll, wenn ich nicht weiß wie lang, lang und wie kurz, kurz ist? Da könnte es ja glatt passieren, dass kurz zu lang oder lang zu kurz wird" zermarterte sich Ditsch vergeblich seinen Kopf und kam nicht drauf. „Es kommt halt drauf an", versuchte Datsch die Sache zu klären. „Entschuldige, aber mir ist auch entfallen, wo drauf es ankommt", beichtete Ditsch verschämt. Andauernd nachfragen zu müssen wurde ihm inzwischen unangenehm. „Wo drauf es ankommt, musst schon du selbst entscheiden, du erzählst ja die Geschichte." Datsch schüttelte verständnislos seinen Kopf, sodass die Erdkrumen nur so durch die Gegend flogen. Eigentlich hatte er inzwischen kein Interesse mehr an der kurzen lustigen Geschichte, aber er wollte kein Spielverderber sein und Ditsch nicht enttäuschen. Also drängte er alles Andere noch etwas zurück und wartete auf die kurze lustige Geschichte von Ditsch. Aber es dauerte. -
Nach der übernächsten Weile.
„Welche Geschichte meinst du eigentlich? Die Kurze oder die Lange? Vielleicht auch die, wo es drauf ankommt, oder meinst du die, wo es nicht drauf ankommt?" „Natürlich die Kurze, egal wo drauf es ankommt", wurde Datsch nun schon etwas lauter und sehnte sich inzwischen dringend danach sich zu schonen und an, das ……..und so weiter. „Ach sei mir bitte nicht bö-

se", bat Ditsch, aber ich weiß nun nicht mehr, welche kurze Geschichte kurz genug, um nicht zu lang zu sein und welche Lange nicht zu lang ist, um kurz genug zu sein. Auch weiß ich nicht, ob es drauf ankommt oder nicht. Jetzt hast du mich völlig durcheinandergebracht. - Ich glaube ich werde den Maulwurf fragen, der ist mindestens so schlau, wie wir beide zusammen, wenn nicht noch schlauer." „Ja tu das", stimmte Datsch erleichtert zu. Immer diese albernen lustigen Geschichten. Sie stören nur, erkannte er nun in aller Deutlichkeit, grub sich ein Stückchen tiefer in die Erde, schloss seine Augen, begann an das Wichtige - an Nix denken zu denken - und fing erneut mit dem Schonen an. Währenddessen machte sich Ditsch auf die Suche nach dem Maulwurf. - Er muss ihn wohl gefunden haben, denn er kam leider nie wieder zurück. Und deshalb müssen wir bedauerlicherweise für alle Zeiten auf die kurze lustige Geschichte verzichten.

© Barbara Kopf

## Wanderndes Völkchen

" Oh schau mal- Maden dort- wie fies,
das ist ja echt abscheulich!
Sie wandern über unsren Kies
und sind so weißlich-bläulich."

" Oh nein, wir sind doch Raupen nur,
das müsst Ihr bitte trennen!
Wir wandern hier in einer Spur
ohne das Ziel zu kennen.

Das ist unser Zigeunerblut-
wir müssen ständig wandern.
Bewegung tut ja schließlich gut
von einem Ort zum andern.

Doch Ungeziefer sind wir nicht-
wir wollen Keinem schaden.
Ich sag`s Euch einfach ins Gesicht:
Wir sind schlichtweg " No -Maden "

© Lizzy Tewordt

# Lach mal wieder

## Wer hat mein Ei aufgehängt?

© Horst Rehmann

# Mahlzeit

Ich bin ein Hund und heiße Paul,
hab keine Zähne mehr im Maul,
doch jeden Tag nur Brei, oh nein,
dass find´ ich überhaupt nicht fein.

Einen Knochen, so ´nen schönen,
der herrlich knackt zwischen den Zähnen,
ich sag euch das ganz im Vertrauen,
möcht´ ich so gern mal wieder kauen.

Da hab ich so bei mir gedacht,
ach Hund, das wäre doch gelacht,
wenn ich nirgendwo Zähne find´,
ich glaub, ich weiß wo welche sind.

Ich habe es schon oft geseh´n,
die Oma nimmt vorm Schlafen geh´n,
doch immer ihre Beißer raus,
die leih ich mir heut´ Nacht mal aus.

Die Oma braucht sie nicht vor morgen,
die kann ich mir bestimmt mal borgen,
sie braucht es auch gar nicht zu wissen,
ich glaub, sonst wär´ ich aufgeschmissen.

Hurra, es hat wirklich geklappt,
der Knochen hat so schön geknackt,
den ich mir holte aus dem Garten,
wo ich ihn damals hab vergraben.

Danach legte ich voller Glück,
die Beißerchen wieder zurück,
und Oma riecht heut´ aus dem Mund,
so wunderbar, so wie ein Hund.

© Sabine Müller

## Reisgericht

Simone, schon ein größeres Schulkind, musste für kurze Zeit alleine zuhause bleiben, weil ihre Mutti dringend noch etwas besorgen wollte. Es sollte Reis zum Mittagessen geben. Er war gerade erst auf den Herd gestellt worden und deshalb noch nicht ganz fertig. Also sagte ihr die Mutti: "Wenn der Reis kocht, tu ihn gleich ins Bett unter ein dickes Kissen."
Simone das folgsame Kind tat genau, wie die Mutter gesagt hatte, der Reis kam ins Bett unter ein dickes Kissen.
Die Überraschung der Mutter war groß, als sie den Reis holen wollte, denn diesen hatte Simone ohne Topf ins Bett unter das besagte Kissen getan.
Ganz genau, wie ihre Mutti gesagt hatte. Sie hatte nämlich nur von dem Reis, nicht von dem Topf gesprochen.
Man kann es aber auch nie jemand recht machen.

© Barbara Kopf

## Das Gummibärchenpärchen

Es war´n einmal zwei Gummibärchen,
ein richtig zuckersüßes Pärchen,
ich hab sie nur kurz angesehen,
da war´s sogleich um mich geschehen.

So ist es ganz spontan passiert,
weil einer davon ungeniert,
mich hat neckisch angeflirtet,
habe ich ihn dann ermordet.

Ich warf ihn schnell in meinen Mund,
er rutschte runter meinem Schlund,
so machte ich just mit ihm Schluss,
es war für mich ein Hochgenuss.

Doch ich tat sogleich erkennen,
was sich liebt, soll man nicht trennen,
so habe ich dann mit Bedacht,
den andern auch noch umgebracht.

Aber, ach, du liebe Güte,
da kamen plötzlich aus der Tüte,
all die lieben Anverwandten,
Onkel, Nichten, Neffen, Tanten.

Alle haben sie getrauert,
das hat mich so sehr gedauert,
ich lud sie ein zu einem Mahl,
erlöste sie von ihrer Qual.

So hab ich sie alle gemeuchelt,
doch Reue?
Nein, das wär´ geheuchelt,
war sie doch groß, die Gaumenfreude,
ob dieser Gummibärchenmeute.

© Sabine Müller

## Mehrbrecher

Enkel zur Oma:
"Oma schließ die Türe zu, sonst kommen die Mehrbrecher rein."
"Kind, das heißt doch Einbrecher."
"Nö, die kommen doch immer zu zweit."

## Warum wie Opa?

Oma sagt zu Christian: "Gehe mal in den Garten und hole Petersilie."
Da fängt er an zu weinen und zu jammern: "Warum muss die denn so wie mein Opa Peter heißen, ich will Christiansilie!"

## Fußball

Oma spielt mit dem Enkel Fußball und der Ball rollt an ihm vorbei.
Sie ruft: "Tor, Tor!", und er sagt: "Ach Oma, Jungs sind auch nur Menschen!"

© Heike Schmidt

## Unter drei Augen

"Papa, ich muss dich mal unter drei Augen sprechen."
"Du musst wohl unter vier?"
"Nein, du musst mal wieder ein Auge zudrücken!"

© Brita Linde

**Wo sind sie geblieben?**

Ein Paternoster fährt nach oben
und wieder runter- ist ja klar!
Doch die, die vorher eingestiegen,
sind auf der Rückfahrt nicht mehr da.

Man fragt sich: wo sind sie geblieben?
Die Antwort scheint verzwickt und schwer,
doch um das Rätsel aufzulösen,
fährt man am Besten hinterher.

© Lizzy Tewordt

## Eine verrückte Familie

Ein wenig aufgeregt und mit nachdenklichem Gesicht kommt der achtjährige Max aus der Schule, schmeißt seine Büchertasche in die Ecke und stürmt in die Küche zu seiner Mutter. "Mutti, Mutti, heute hatten wir in der Schule zum ersten mal Sexualkundeunterricht; das ist total spannend." Die Mutter lächelt und fragt: "Worüber habt ihr denn gesprochen?" "Na, ja, über so allerhand Dinge, - über den menschlichen Körper, über Mädchen und Jungen und über d a s "geboren werden". Ach, Mutti, sag mal, wie bist Du denn geboren worden?" Etwas verlegen, den Kleinen über den Kopf streichelnd antwortet die Mutter: "Äh...hm..., ich wurde von meinem Vater, Deinem Opa, auf einem riesengroßen Seerosenblatt zu meiner Mutter, Deiner Oma, getragen und sanft zu ihr ins Bett gelegt."
Nachdenklich, mit dieser Antwort sichtlich nicht zufrieden, die Augenlider nach oben ziehend und sich dabei am Kopf kratzend, rannte Max aus der Küche ins
Arbeitszimmer zu seinem Vater. "Vati, ich habe eine ganz wichtige Frage: "Wie bist Du geboren worden"?
Die Antwort des erschreckten Vaters, der inmitten seiner Steuererklärung arbeitete, war kurz und bündig: "Mäxchen, mich hat der Osterhase gebracht! Und jetzt lass mich weiterarbeiten, ich habe keine Zeit für solche Fragen."
Der kleine Knirps schlenderte mit gesenktem Kopf und düsterer Mine aus dem Zimmer, stieß die Terrassentür mit dem Fuß auf und stolzierte in den Garten. Auf dem Rasen lag seine schon fast erwachsene Schwester auf einer Luftmatratze und ließ sich die Sonne auf den Bauch scheinen. Max pflanzte sich vor ihr auf, drückte beide Fäuste in die Hüften und fragte erbost: "Wie wurdest Du geboren? Hat Dich der Opa auch auf einem Seerosenblatt in Mutti`s Bett getragen , oder hat Dich der Osterhase ge-

bracht, wie unseren Vater?" Aufgeschreckt, ein wenig erstaunt über diese Frage und das freche Auftreten des kleinen Bruders entgegnete die sechzehnjährige Schwester: "Weder das eine noch das andere, Du kleiner Frechdachs,- ich bin vom Klapperstorch gebracht worden, - und jetzt verschwinde."
Max lief rot an, stampfte mit dem Fuß auf den Rasen und brüllte: "Also, wenn ich das alles richtig verstanden habe, was Mutti, Vati und Du mir erzählt haben, dann hat es in dieser verrückten Familie noch keine einzige normale Geburt gegeben!"

© Horst Rehmann

## So ein Mist

Wenn die Gelegenheit sich böte,
dann würde manche schlaue Kröte
statt nur im Teich herumzulungern
und schlimmstenfalls dort zu verhungern,
die Möglichkeit beim Schopfe fassen
und sich das Essen bringen lassen.

Doch so muss sie nach alter Sitte
geduldig in des Tümpels Mitte
mit ihrer aufgeblähten Lunge
und ihrer überlangen Zunge
schön auf die fette Beute warten,
danach mit Vollgas rüber starten,
um sich an Dieser zu erlaben
und Leckeres im Bauch zu haben.

Denn Pizzaservice-keine Gnade:
den gibt`s für Kröten nicht. Wie schade!

© Lizzy Tewordt

## Familientag - mal etwas anders

Darf es ein bisschen Werbung sein ?

Es ist SONNENKLAR, der Eintritt ist so GUT & GÜNSTIG, DU DARFST hinein heute für € 3,50 ! MEISTER PROPPER und Freundin MARGA RINE bleiben sofort stehen, sie wollen RITTER SPORT auf KOPPENRAT & WIESE sehen.
Auch TOFFY FE ist gleich zur Stelle, vollzieht mit vielen SMARTIS die LAOLA-WELLE. Komm MON CHERI sagt RAFFAELLO, die Uhr macht TIC TAC, wir wollen doch noch in den Zoo, zu HARI BO. Eine RI COLA könnten wir noch trinken, bevor wir KINDER PINGUI zuwinken. Unsere Kleinen, es sind DIE BESTEN und so froh und HAPPY HIPPO hier im Zoo.
Die KINDER ÜBERRASCHUNG ist gelungen, jetzt wird noch schnell ein Lied gesungen. Der jüngste KNOPPERS will nun noch ´ne FRUCHT- ZWERGE haben diese Sucht.
Auf dem Weg zurück ins HEIM & HAUS, schaut zur Tür ein Männlein raus. "Man ist der DICKMANN, KRÄFTIG & RUSTIKAL", ruft unser kleiner LORD EXTRA laut, dabei er seinen WRIGLEYS kaut. Jetzt aber BASTA, wir sind FIX & FERTIG, schnell, gib Papa FERRERO KÜSSCHEN und ab ins Bett, morgen sind wir wieder gegenwärtig !

© Horst Rehmann

## Meine Rosine

Ich hab' zu Haus eine Vitrine,
die wird fast täglich blankgeputzt.
In ihr liegt eine Rosine,
man fragt mich oft, was sie mir nutzt.

Ich sage dann, das ist das Teil,
das war bei mir, als Kind, im Kopfe drin.
es liegt jetzt draußen weil
ich jetzt nun mal erwachsen bin.

Als Erwachsener schlägt man oft,
sich die Rosinen aus dem Kopf
weil man dann auch meistens hofft,
dass dann die Vernunft anklopft.

Doch wenn ich zu vernünftig bin
werde spießig, ich, sogar
dann stopf ich sie mir wieder rin
und werd der Kindskopf, der ich früher war.

© Michael Jörchel

## Theodor lernt schwimmen

Theodor ist ein bewundernswerter, Vierzehnjähriger, leider jedoch mit einem Sprachfehler behafteter Sportler. Er kann Ski laufen, Windsurfen, Turnen, Reiten und vieles andere mehr, nur Schwimmen hat er noch nicht gelernt. Doch damit will er jetzt schnellstens beginnen. Telefonisch meldet sich Theodor für einen Schwimmlehrgang im nahegelegenen Zentralbad an. Er bekommt einen Termin für den kommenden Samstag. Aber wie so oft im Leben, spielt das Schicksal ihm einen Streich. Theodor ist krank, er hat sich eine Mittelohrvereiterung zugezogen.
Sein Hausarzt rät ihm: „Verschiebe bitte deinen Schwimmlehrgang, dein Ohr darf nicht mit Wasser in Berührung kommen." Betrübt verlässt Theodor die Arztpraxis.
Es ist Samstag geworden, Theodor geht im Zimmer auf und ab und überlegt, ob er zum Schwimmlehrgang gehen soll oder nicht. Nach einer halben Stunde steht sein Entschluss fest: er geht.
In der großen Schwimmhalle angekommen, geht Theodor zu einem ganz in Weiß gekleideten Bademeister und trägt ihm sein, bereits telefonisch angemeldetes Anliegen, vor. Ein paar Formalitäten werden noch schriftlich erledigt und schon liegt Theodor, vom Bademeister an einer Schwimmangel gehalten, im Wasser. Fünf Minuten lang befolgt er jede Anweisung, dann kommen ihm die Worte seines Arztes wieder in den Sinn. Mit zitternder, noch durch den Sprachfehler gehemmter Stimme ruft Theodor: „Herr Ba.. Ba.. Bademeis.. Bademeister, t.. tau.. tauchen." Noch bevor er seinen Satz beenden kann, drückt ihn der Bademeister unter Wasser, zieht ihn aber gleich wieder an die Oberfläche. Erneut beginnt Theodor: „Herr Ba.. Ba.. Bademeister, tau.. tau-

chen…" Schon ist er wieder unter Wasser.. Noch dreimal vollzieht sich diese Prozedur, dann hängt Theodor, grün und blau im Gesicht, wie tot an der Angel. Blitzschnell zieht der Bademeister ihn auf den Beckenrand – ein paar Wiederbelebungsversuche – und Theodor schlägt die Augen auf. Noch am ganzen Körper bebend, flüstert Theodor: „Herr Ba.. Ba.. Bademeister, tau.. tauchen, hat mir d.. der Arzt ver.. verboten !"

© Horst Rehmann

## Saufesack

Vater sieht erschrocken, wie sein zweijähriger Sohn mit zwei Gläser Wasser in das Wohnzimmer schaukelt.
Vater: "Reicht es nicht, wenn Du erst ein Glas Wasser trinkst?"
Sohn: "Hier kommt Saufesack von ich."

© Bernd Rosarius

## Sowas aber auch (Anekdote)

Ich begann meine Kurse zu Ausbildung in Musik, einige fanden direkt bei uns im Ort statt, da wir am meisten Schüler hatten. Ich war damals 25, die Kleinen zwischen 9 und 12. In der Pause gingen der Kursleiter und ich, jeweils eine paffen, da fragte mich so ein Kleiner. "Sag mal, wie alt bist denn Du, dass Du schon Rauchen darfst?" Ich sagte: "25 Jahre". Da meinte er: "Hab gar nicht gewusst, dass so alte Weiber noch Musik lernen können!"

© Gabriella Dietrich


## Obsigar

"Obsigar", sagte er.
Ich korrigierte ihn. "Das Wort gibt es nicht!"
Er meinte. "Na klar, gibt es das! Ich sag's doch!"

© Ingrid Hartung

## Der Streich

Ich hatte das Glück, in einer kinderreichen Nachbarschaft zu wohnen und es mangelte uns nicht an Spielkameraden. Das Kleeblatt waren Udo, Jens und Tinka, die ungefähr im gleichen Alter waren und alles gemeinsam machten. Sie waren inzwischen in der siebten und achten Klasse der Hauptschule. Es war schwer, zwischen ihnen einen Platz zu ergattern. Das konnte nur der Olli aus dem Nachbarort, der schon als Baby viel bei seiner Oma war und deshalb Sonderrechte besaß. In den Ferien dann gab es eben das vierblättrige Kleeblatt. Dieses Vierergespann hatte sich im Wald des Truppenübungsplatzes eine Hütte gebaut. Dort wurde alles besprochen, was man zu Hause lieber ungesagt ließ und sie hatten viel Spaß zusammen. Auch wurden hier im Wald Abenteuer bestanden und abgeschossene Patronen der Übungsmunition gesammelt. Als Nahrung dienten zurückgelassene Verpflegungspäckchen aus den Bunkern. Es war das reinste Paradies, wenn da nicht die lästigen Nachbarsjungen Holli ( das bin ich) und Tommy wären, mit ihren 9 und 11 Jahren. Sie wollten unbedingt zur Gang gehören, was natürlich ausgeschlossen war. Was bildeten sich diese KINDER nur ein? Die hielten doch ihren Mund nicht, wenn in der Bude geraucht wurde, diese Petzen. Außerdem waren die Gespräche nicht für ihre Ohren gedacht. Und Tinkas Anschauungsunterricht, was das weibliche Geschlecht anging, musste auf alle Fälle vor ihren Augen verborgen bleiben. So dachten sich die Vier ständig neue Schikanen aus, um die Eindringlinge zu vertreiben, was nicht selten in Handgreiflichkeiten und derben Drohungen ausartete.

Doch Tommy und ich waren auch nicht auf den Kopf gefallen. Wir wollten dem Kleeblatt beweisen, dass wir mehr auf dem

Kasten hatten, als sie ahnten. Eines Tages machten wir auf unserem Streifzug durch den Wald eine Entdeckung, die uns die Tränen in die Augen trieb. Wir schauten uns an, rieben die Hände und hatten den genialsten aller Einfälle überhaupt.

Tommys Mutter hatte Tags zuvor Geburtstag gefeiert und davon war noch eine große Aluplatte, auf der Fisch serviert worden war, im Abfall. Die holten wir uns. Dazu noch Salat und Möhren aus dem Garten. Obst brauchten wir auch noch, es sollte doch alles appetitlich aussehen. „Petersilie", krähte ich vor Vergnügen, "Petersilie ist auf jeder vernünftigen Schlemmerplatte mit dabei!" Als wir alles kunstvoll angerichtet hatten, machten wir uns auf den Weg zu der begehrten Hütte. Dort drapierten wir unseren Fund in die Mitte der Aluplatte. Wir waren peinlichst darauf bedacht nicht von Tinka, Olli, Jens und Udo entdeckt zu werden, denn es sollte ja eine ganz freudige Überraschung werden. Das Glück war uns hold, denn die Bude war leer. Vorsichtig öffneten wir den Bretterverschlag, der als Tür diente und präsentierten unsere edle Gabe auf dem Holzklotz, der den Vieren als Tisch diente. Danach versteckten wir uns in der Nähe und warteten ab.Durch lautes Geschrei, husten und würgen wurden wir aufgeschreckt, denn wir waren beide eingeschlafen. Tinka war ganz grün im Gesicht und hielt sich voller Abscheu die Nase zu. „Na wartet, Bürschchen, wenn wir euch in die Finger kriegen, dann könnt ihr was erleben!", schrie Jens...

Nun, in ihre Gang wurden wir niemals aufgenommen, doch nahmen wir es gelassen. Unser Plan war aufgegangen. Denn niemand verspeist gerne schön angerichtet zwischen Obst, Möhren und Salat, mit Petersilie garniert, einen total stinkenden, vergammelten Igel.
© Sabine Brauer

## Wie ist der Name ?

Die Schüler warten auf den Stühlen
schon mit verschiedenen Gefühlen
Ein neuer Lehrer stellt sich vor
und sie begrüßen ihn im Chor

Er will nun ihre Namen wissen
„Ich bin Sepp" sagt da beflissen
der Kleine von der ersten Bank.
Der Lehrer spricht:"Hab vielen Dank,

Sepp ist nicht richtig, glaube mir.
denn Joseph heißt korrekt das hier."
Er wendet sich dem nächsten zu
und fragt ihn:„Wie wohl heißt denn Du?"

„Ich? Hannes", kommt es prompt zurück.
„Na, auch du hast da kein Glück.
Ich sag es Dir, damit du 's weißt,
dass richtig du Johannes heißt."

Und als er nun den dritten fragt,
nach seinem Namen, kommt verzagt,
und er tut sich damit schwerer:
„Ob ich wohl Jokurt heiß´ Herr Lehrer?"

© Greta Hennen

**Eiszeit**

An so heißen Sommertagen
möcht´ man gern an Eis sich laben,
Schoko, Kirsch oder Vanille,
der Sorten gibt es ja so viele.

Stracciatella und Haselnuss,
welch ein köstlicher Genuss.
Waldmeister, Pfefferminz, Zitrone,
sind geschmacklich auch nicht ohne.

Pfirsich, Mango, Maracuja,
wie wunderbar, sind auch noch da.
Himbeeren oder Beeren der Erde,
ich weiß nicht, was ich nehmen werde.

Bei so einer großen Wahl,
ist sie auch sehr groß, die Qual,
doch will ich mich nicht länger quälen,
werde jetzt `ne Sorte wählen.

Und schon morgen, ist doch klar,
stehe ich dann wieder da.
Und dann geht´s von vorne los,
welches Eis nehm´ ich denn bloß?

Vielleicht nehm´ ich ein Eis am Stil,
aber da gibt´s auch so viel:
Schoko, Kirsch oder Vanille...

© Sabine Müller

## Das ganz besond' re Ei

Zu Ostern schenk ich Dir ein Ei
Ich weiß Du hältst 's in Ehren.
Ein ganz besond' res Osterei,
das kann man nicht verzehren.

Auch außerhalb der Osterzeit
bekommst Du oft ein Ei.
Ich geh auch ab und zu so weit,
geb´ dir gar zwei und drei.

Sie zeigen dir, wie gut ich 's mein.
Du weißt ich hab Dich lieb.
Sind sie auch manches Mal nur klein,
die ich dir rüber schieb´.

Ist traurig deine Stimmung gar,
dann komm ich schnell herbei
und streichle leicht dir übers Haar,
sag' mehrmals dazu Ei.

Ganz leise sag´ ich: Es wird gut!
Dann lächelst du mich an.
Nun weiß ich, so ein Ei macht Mut.
Da ist bestimmt was dran.

© Greta Hennen

# Die es war einmal Zeit...

## Die es war einmal Zeit ...

Es war einmal vor langer Zeit, da war das Leben ganz anders als heute. Einige sagen es war alles besser, die anderen sagen genau das Gegenteil. Richtig ist, dass alles etwas langsamer war, dass es kein Telefon, keinen Computer und auch kein Handy gab. Wenn jemand einem anderen etwas sagen wollte, musste er zu der Person hingehen oder schreiben. So ein Brief war ein paar Tage unterwegs. Es gab keine Autos und keinen Supermarkt. Obst und Gemüse hatten die Menschen im Garten, dazu Hühner die Eier legten und manchmal eine Kuh oder Ziege. Zum Einkaufen gingen sie zum Krämer, der hatte alles, was die Familien nicht selber herstellen konnten. Für die Jungen und Mädchen war es ganz normal, den Eltern zu helfen. Obwohl die Kinder ganz anders lebten, wie die Kinder heute, hatten sie auch ihren Spaß miteinander.

Die einfachen Menschen kannten das Wort Mode nicht einmal. Es gab zweckmäßige Kleidung, einmal für den Sonntag und einmal für den Alltag. Die Kinder hatten auch Kleidung für dazwischen. Die Schulkleidung! Das war die nicht mehr so schöne Sonntagskleidung, die wurde erst zur Schulkleidung und danach alltags getragen. Im Sommer trugen die Kinder keine Schuhe, nicht nur so zum Spaß, nein immer und egal wie die Wege waren. Es waren oft weite und schlechte Wege. Die Kleidung wurde von den Älteren zu den jüngeren Geschwistern weitergegeben. Die Kinder gingen, besonders in den Dörfern vom ersten bis zum letzten Schuljahr in eine Klasse. Es gab noch keine Zensuren wie heute. Die Kleinen saßen rechts und die Großen links. Die guten Schüler vorne und die anderen hinten, diese Sitzordnung änderte sich von einem Unterrichtsfach zum anderen.

## Der neue Bruder

Es war einmal, in der es war einmal Zeit.
Da mussten die Kinder in der Erntezeit auf dem Felde helfen. Die Fürstin wusste das und gab bekannt, das die Kinder in dieser Zeit keinen Unterricht hatten. Deswegen wurden später die Herbstferien lange Zeit noch Kartoffelferien genannt. Die Kinder halfen nicht nur den eigenen Eltern, sie gingen auch zu den anderen Bauern und bekamen dafür sogar etwas Geld. Es war in den Pausen lustig, wenn alle am Ackerrand saßen und die gut belegten Brote aßen, Geschichten erzählten und sangen.
Johannes, den alle Hannes nannten, war an einem dieser Tage, an denen er beim Nachbarn half, mit den Gedanken woanders.
„Bauer darf ich heute etwas eher nach Hause gehen?", fragte er.
Der Bauer hatte gerade das Essen gebracht und sah ihn erstaunt an. „Warum willst du eher gehen, du weißt, das ziehe ich dir vom Kartoffelgeld ab."
„Ich kriege gerade ein Brüderchen", sagte Hannes.
„Woher weißt du das so genau?"
„Das ist doch ganz einfach. Das letzte Mal, als der Arzt zur Mutter kam und sie einen schlimmen Bauch hatte, lag danach ein Schwesterchen im Wäschekorb."
Der Bauer verstand Hannes immer noch nicht. „Na und …?"
„Heute wird der Arzt zu meinem Vater kommen, der hat auch Bauchweh", redete Hannes weiter. „Bei Mutter war es ein Mädchen, dann muss es bei Vater …"
Jetzt hat der Bauer verstanden. „Ach so …???", sagte er und kratzte sich die Haare.
„Darf ich nun etwas eher nach Hause gehen", fragte Hannes noch einmal.
„Na gut", nickte der Bauer gnädig. „Aber keine Minute früher."

## Kartoffelsuppe

Es war einmal, in der es war einmal Zeit.
Da war es ganz normal, dass Kinder den Eltern bei der Hausarbeit halfen. Die Kleineren fütterten die Hühner, die Älteren übernahmen andere Aufgaben und die Kleinen lernten von den Großen. Lotte sollte von der großen Schwester lernen, eine Kartoffelsuppe zu kochen. Lottes große Schwester Lena ging nicht gerne in die Schule, das würde sie aber nie zugeben. „Also, du nimmst zwei Drittel Kartoffel, ein Drittel Wasser und ein Drittel Grünzeug", erklärte Lena mit wichtiger Stimme.
Lotte machte ein erstauntes Gesicht und Lena lachte. „Hast du mich verstanden?", fragte sie die Schwester. „Beeile dich, die anderen kommen bald vom Feld und haben Hunger."
„Ja ..., aber es sind vier Drittel", sagte Lotte und wunderte sich.
Lena lachte übermütig. „Das macht doch nichts", sagte sie. „Dann nimmst du eben einen größeren Topf."

## Paulchens Glückstag

Es war einmal, in der "Es war einmal" Zeit.
Da gab es einen kleinen Jungen, der hieß Paul, er wurde aber von allen Paulchen genannt. Er ging in die zweite Klasse. Die Geschichte erzählt von einem ganz besonderen Tag in Paulchens Leben. Nur er wusste morgens beim Frühstück noch nicht, dass es für ihn ein ganz besonderer Tag werden würde. Es saß zusammen mit den Geschwistern vor seiner Morgensuppe bei Kerzenlicht am Tisch und wunderte sich, dass die Geschwister sich auf den Tag freuten. Sie freuten sich mit allen anderen Kindern auf die Fürstin, die heute zu Besuch in die Schule kam. Nur Paulchen freute sich nicht, er ging mit hängendem Kopf hinter seinen Geschwistern her zur Schule. Die Fürstin besuchte die Schulen einmal im Jahr und brachte immer etwas Süßes mit. Alle Kinder hatten sich fein gemacht und sogar ihre Schuhe angezogen, auch Paulchen. Die Fürstin achtete darauf, das in ihren Schulen, egal ob in der Stadt oder auf dem Lande, die Kinder immer ordentlich gekleidet, gewaschen, die Nägel gesäubert und die Haare gekämmt waren. Als die Fürstin in die Klasse kam, wanderte ihr Blick von einem Kind zum anderen. Als sie, in ihren schönen Gewändern, auf dem Stuhl neben dem Lehrer saß, lächelte sie in die Runde. „Nun zeigt mir liebe Kinder, was ihr im letzten Jahr gelernt habt", bat sie.
Am Anfang zeigten die Großen der Fürstin, wie gut sie im Chor das ABC aufsagen konnten. Chorsprechen war damals sehr wichtig. Der Lehrer klopfte dazu mit dem Stock den richtigen Takt und die Kleinen klatschten mit. Alles ging gut, bis die Kinder einzeln ihr Können vortragen sollten und dafür brav aufstehen mussten. Paulchen schüttelte, als er aufgefordert wurde sein Gedicht aufzusagen, den Kopf. Der Lehrer zog die Stirn kraus und

die Fürstin wunderte sich. „Seid ihr brav", fragte sie in die Runde.
„Ja."
„Wascht ihr euch auch jeden Tag?", fragte die Fürstin weiter.
„Ihr wisst, saubere Kinder sind kluge Kinder."
„Ja!", riefen die Kinder im Chor.
„Achtet ihr auch gut auf eure Schulkleidung? Eure Eltern müssen hart dafür arbeiten."
„Ja ...", antworten die Kinder erneut.
„Und du Paulchen, warum bist du so ruhig und warum stehst du nicht auf?", wendete die Fürstin sich an den blassen Jungen.
„Der Lehrer wird dir für dein Benehmen einen Tadel ins Klassenbuch schreiben."
Paulchen holte seinen ganzen Mut aus der hintersten Ecke in seinem Herzen, da, wo der sich gerne versteckte. „Ich bin zu Hause der Kleinste und muss die Anziehsachen von den Geschwistern tragen", sagte Paulchen mit Tränen in den Augen.
„Das wäre so, wie es ist, sagen die Eltern."
Die Fürstin nickte. „Es zeugt von der Tugend, der Sparsamkeit", sagte sie und lächelte milde. „Wie viel Geschwister hast du denn?"
„Ich habe sieben Geschwister."
„Dann hast du ja reichlich Kleidung", findet die Fürstin. „Du solltest dankbar sein."
„Alle sagen das ...", Paulchens Stimme wurde ganz leise, er stand langsam auf, bekam rote Ohren und zog die Nase hoch. „Aber ich bin der einzige Junge!"
Als ob das nicht genug wäre, begannen die anderen Kinder zu lachen, und wenn man genau hinsah, schmunzelt die Fürstin auch. „Paulinchen, Paulinchen", riefen die Kinder so lange, bis der Lehrer mit dem Stock auf den Tisch klopfte und die Fürstin aufstand.

„Paulchen", sagte die feine Frau freundlich. „Begleite mich bitte nach draußen."
So kam es, dass Paulchen die Fürstin nicht nur bis zur Kutsche begleitete, und die dabei seine Hand hielt. Nein, er stieg sogar in die Kutsche ein und fuhr mit der Fürstin davon. Paulchen erzählte nie, was er mit der Fürstin in der Kutsche geredet hatte und was er den ganzen Tag im Schloss der Fürstin machte. Das war sein großes Geheimnis, um das ihn alle beneideten. Aber alle konnten sehen, dass wie durch ein Wunder, aus der abgelegten Mädchenkleidung, seiner Schwestern über Nacht Jungenkleidung wurde.

## Der müde Bruder

Es war einmal, in der es war einmal Zeit.
Da mussten die Kinder früh aufstehen und vor der Schule noch kleine Hausarbeiten verrichten. Robert war immer irgendwie zu spät, aber nie um eine Antwort verlegen. Die Geschwister ärgerten sich darüber und die Erwachsenen staunten. Obwohl Rudi den Bruder, mit dem er in einem Bett schlief, mehrmals geweckt hatte, war Robert wie immer in Eile. Er hatte nicht einmal die Zeit sich ordentlich anzuziehen und das im Winter. Unterwegs stellte er fest, dass er einen Schuh von seinem Bruder Egon, der mit Schnupfen im Bett lag, angezogen hatte. „Robert, was hast du denn da für ein seltsames Paar Schuhe an?", fragte der Lehrer, als der an ihm vorbei in die Klasse flitzen wollte. „Der eine Schuh passt dir, der andere nicht und du trägst einen braunen und einen schwarzen Schuh!"
Robert noch immer etwas außer Atem. „Ich weiß! Das Paar habe

ich sogar zweimal", sagte er und strahlte den Lehrer an.

Nachmittags war Robert müde, so müde, dass er sich, anstatt die Tiere zu füttern, ins Heu legte. Der große Bruder Rudi fand seinen Bruder in den schönsten Träumen, während die anderen fleißig waren. „Mit dir ist es aber auch immer dasselbe", schimpfte er. „Du bist der Schlechteste in der Klasse, du arbeitest langsam, du liest langsam, du schreibst langsam, du denkst langsam", redete er auf Robert ein, der erschrocken hochschreckte. „Gibt es überhaupt etwas, was bei dir schnell geht?" „Ja", grinste Robert und ließ sich wieder ins Heu fallen. „Ich werde schnell müde."

## Kinder und Lehrer

Es war einmal, in der es war einmal Zeit.
Da gingen alle Kinder in eine Klasse. Die Großen auf der einen Seite und die Kleinen auf der anderen Seite. Je nach Leistung saßen sie vorne oder hinten. Die Kinder wurden in der ganzen Zeit von nur einem Lehrer unterrichtet. In einer Dorfschule war es oft ein Lehrer, der hatte schon die Eltern der Kinder vor sich sitzen. Infolgedessen war er schon alt. Auch der Lehrer, der mit Nachnamen Heinrich hieß, war alt. Er kannte die Kinder gut und die Kinder kannten ihren Lehrer und wussten, dass der manchmal etwas durcheinander war.
„Wo ist mein Bleistift", fragte Lehrer Heinrich die Klasse. „Habt ihr ihn versteckt", vermutete er dann und sah die Kinder strafend an. „Sie haben den Bleistift hinterm Ohr", riefen die Kinder kichernd.
Der Lehrer fuchtelte mit den Armen. „Kinder ich habe keine Zeit zum Suchen. Hinter welchem Ohr?"

Nachdem der Bleistift gefunden wurde, sah Lehrer Heinrich nach, wie die Kinder sich für den Deutschunterricht setzen müssten. "Die sitzen vorne, die anderen hinten. Peter", rief er, ohne von seinem Notizen hochzusehen. „Setz dich nach hinten."
„Der Peter fehlt heute", sagte der Klassensprecher.
„Ruhe", Heinrich klopfte mit dem Stock auf den Tisch. „Er soll mir gefälligst selbst antworten."

Nachdem auch das geklärt war, ging die Tür auf und der Herr Pfarrer brachte zwei neue Schüler herein. Für Lehrer Heinrich grenzte das an eine Überforderung. Der eine Schüler überragte ihn fast um einen Kopf und der andere sah ihn durch seine runde Brille an. „Name", fragte Lehrer Heinrich den mit der Brille und klappt sein Klassenbuch wieder auf.
„Müller ohne 'f', Herr Lehrer."
Der Lehrer war verwirrt. „Ohne 'f', bist du ganz sicher?"
„Ja, ohne 'f'!"
Lehrer Heinrich wurde noch verwirrter und die Klasse kicherte. „Aber Müller schreibt man doch immer ohne 'f'."
„Ja! Das sag' ich ja die ganze Zeit", antwortet der Junge mit der Brille und setzte sich auf einen freien Platz.

Lehrer Heinrich sah den großen Jungen an. „Wie ist dein Name?"
„Mein Name ist Lang."
Der arme Lehrer stöhnte auf und spitzte seinen Bleistift an.
„Auch das noch, dein Name ist lang?"
„Ja."
„Gut! Dann buchstabiere!"
„L – a – n – g."
Lehrer Heinrich lehnte sich auf seinen Stuhl zurück, sah über seine Brille hinweg die Jungen und Mädchen an und begann zu

lachen.

Endlich war der Unterricht vorbei. Der kleine Hans, ein Erstklässler und sein gleichaltriger Freund, standen am Wege. Sie versuchten, sich zu verabreden, so wie sie es bei den großen Geschwistern gesehen hatten „Wann wollen wir uns treffen?", fragt Hans.
„Mir ist es egal", antwortet Konrad.
„Und wo?"
„Wo du willst", sagt Konrad.
„Und um wie viel Uhr?", will Hans noch wissen.
„Wann du willst", sagt Konrad großzügig.
„Okay, bis dann!", nickt Hans und die beiden trennen sich.

So gingen alle Kinder zurück, in ihre es war einmal Zeit und sicher gibt es noch einiges über sie zu erzählen.

© Brita Linde

Die Bilder sind gemeinfrei und von dem Maler Albert Anker, der in der Biedermeierzeit lebte.

## Jesus kann

An meiner Nähmaschine hat sich ein Teil gelöst, das ich unbedingt zum Nähen brauche. Lange probiere ich daran herum, ob ich die Metallteile wieder zusammen stecken kann. Auch mein Mann, der sich viel Zeit dafür nimmt, kommt nicht auf die Lösung des Problems. Er gibt auf.
Ich schaue meinem kleinen Enkel erwartungsvoll ins Gesicht und meine: "Wollen wir beten und Jesus fragen, ob er mir zeigt, wie wir es richtig machen müssen?" Gesagt, getan. Oma und Enkel bitten um Weisheit und Verständnis.
Dann sehe ich mir das Ding noch einmal ganz genau an. Mir fällt eine winzig kleine Öffnung auf, die wir vorher nicht beachtet haben. Dort sitzt ein Schräubchen, fasst mit dem bloßen Auge nicht zu erkennen. Nach einigen Minuten finde ich, o Wunder, einen Inbusschlüssel, der dazu passt. Jetzt ist es ein Klacks, das Teil wieder anzuschrauben. Hocherfreut juble ich und singe laut ein Lied von Christine Seibel: "Danke, Herr Jesus, für alles, was du schenkst. Danke, dass selbst im Kleinsten du heute an mich denkst."

Fragend sieht mich mein kleiner Bengel an: "Oma, singst du immer, wenn Jesus deine Nähmaschine repariert?" "Ja, mein Schatz, denn Jesus hat gesagt: "Rufe mich an in der Not, so will ich dich erretten, und du sollst mich preisen" (Psalm 50,15). Wir sollten Jesus viel öfter an unseren großen und kleinen Problemen teilhaben lassen. Er ist immer für uns da!

© Sabine Brauer

## EIN GESCHÖPF GOTTES

Es zog mich hinaus in des Schöpfers Natur
Wollt was tun für Gesundheit und Seele – Egoismus pur
War guter Dinge und frohgemut
Ließ die Gedanken schweifen – was man ja so tut

Ließ mich verwöhnen von der herbstlich Sonne Strahl
Das leise Rauschen des Windes sich durch die Bäume stahl
Plötzlich sah ich dass ich war nicht mehr alleine
Sah ein Wunder der Natur mit vier Beinen

Am Waldesrand im Schatten der Bäume stand ein Reh fast verborgen
Scharte mit dem Hufe leicht – scheinbar ganz ohne Sorgen
Mit braunen Augen wie ich sie schöner noch nie sah
Stand es dort – mir richtig nah

Die Augen schienen zu fragen bist du Freund oder Feind
Keine Angst – in diesem Moment sind unsere Seelen hier vereint
Zwei Augen blickten so lieb und doch so stolz in diese Welt
Möchte diesen Augenblick nicht missen – für kein Geld der Welt
Das Reh ging dann langsam tiefer in den Wald
Ich dankte Gott für dieses Erleben – auf Wiedersehen bis bald

© Kurt von der Heide

## Ein Bohnenkern

Ein Böhnchen auf die Erde kam,
es lag ganz still, es war sehr zahm.
Der warme Regen fiel darauf,
da wurd' es weich und quoll dick auf.

Als endlich kam der Sonnenschein,
bekam das Böhnchen einen Keim.
Es schoss empor, ward rang und schlank,
an einem Stock gut' Halt es fand.

Es ringelte sich um und um,
nein, unser Böhnchen war nicht dumm.
Die Blätter waren schon recht grün,
da fing es plötzlich an zu blühen.

Ganz bunte Blüten und so zart,
voll Schönheit mit Anmut gepaart.
Es kamen Bienchen zu Besuch,
zog sie wohl an, ein fein' Geruch,

von gutem Nektar, Honigseim ?
So lud sich manch' Getier noch ein.
Blüten verwelkten, - fielen hinunter,
das Böhnchen war noch immer munter.

Doch da, wo sonst die Blüten waren,
da wuchsen Schoten nun in Scharen.
Die wurden groß und dick und rund,
Ja, da hing wirklich manches Pfund.

Was mag wohl in den Schoten sein,
fällt "Dir hierzu noch etwas ein ?
So wie uns die Geschichte lehrt,
hat sich das Böhnchen doll vermehrt.

© Gisela Siepmann

## Der Baum des Lebens

In einem unbekannten Land
da steht ein großer Baum
er ist schon älter als die Zeit
und herrlich anzuschau´n.

Im Traum da kommt man hin zu ihm
und kann ihn schlafen sehen
geneigt hält er sein schweres Haupt
das riesig ist und grün.

Er atmet ein, er atmet aus
und grummelt dabei leise
und mit ihm schläft ein großer Wald
auf märchenhafte Weise.

Auf ewig ruht der müde Held
sein Schlaf ist nicht vergebens
es strömt als Luft in uns´re Welt
der Atem seines Lebens.

© Heike Schmidt

# Der Waldspaziergang

Jeden Sonntagmorgen - bei Wind und Wetter - machte Papa Friedhelm einen Spaziergang mit seinen beiden Söhnen durch Wald und Flur. So war es auch an einem Sonntag im August. In der Nacht hatte es heftig geregnet, dadurch war der Waldboden aufgeweicht, und am Boden stieg Dunst empor, der alles in Nebel einhüllte. Der Tannenhäher flog von Ast zu Ast und ließ seinen Warnruf ertönen.

Stefan und Christian gingen einige Meter voraus, blieben abrupt stehen, und machten ihren Vater auf ein merkwürdiges Geräusch aufmerksam. Alle drei horchten sie, und richtig: Das blecherne Geräusch kam vom Hügel herüber. Sie schlichen durch das Unterholz auf die kleine Anhöhe und sahen durch das Buschwerk, wie zwei Männer - mitten in der Tannenschonung - Nummernschilder von einem Auto abmontierten. Ein Motorrad, mit einheimischem Nummernschild, stand etwas abseits.

Stefan, der Ältere, fragte: "Papa, was sollen wir tun?"
"Ich glaube, wir müssen die Polizei verständigen, denn an der Sache ist was faul."
Christian war ganz aufgeregt: "Polizei? Dann müssen wir uns aber beeilen, bevor die weg sind!"
Der Vater kannte diese Gegend wie seine Westentasche und erinnerte sich, dass in unmittelbarer Nähe ein Bauernhof lag. Sie hasteten los und kamen außer Atem auf dem Hof an. Der Bauer, der gerade aus dem Schweinestall kam, hörte sich die Geschichte aufmerksam an und verständigte sofort die Polizei.

Inzwischen hatte Mutter Anne ihr Mittagessen zubereitet und wunderte sich, dass ihre "Männer" nicht erschienen. Langsam

wurde sie nervös und schaute alle Augenblicke aus dem Fenster. Nichts tat sich. Das Telefon klingelte und sie nahm hastig den Hörer ab. Ihr Mann rief von der Polizeiwache aus an und erklärte kurz die Verspätung.
Einige Zeit später stürmten die "Drei" ins Haus und machten sich über das Essen her. Sie hatten einen Bärenhunger, und mit vollem Mund erzählten sie ihr Abenteuer.

Am nächsten Tag konnte man in der Zeitung lesen, dass die festgenommenen Männer einer Autoknacker-Bande angehörten.

© Anneliese Leding

## Der alte Baum

Längst sind seine schönsten Tage gezählt
seine Äste tragen keine Früchte mehr
Über ihn wurd vieles erzählt
ach, wie lange ist es her
Einst war er schön anzuschauen
behütete Nester vieler Generationen
selbst der kleinste Vogel schenkte ihm Vertrauen
Sein Leben immer voll geballter Aktionen
Inmitten grüner Blumenwiesen geborgen
wuchs er nach Außen und Innen
frei von Nöten und Sorgen
kann sich daran besinnen
die Anderen um ihn aufwachsen zu sehn
glücklich zu machen
immer zur Seite zu steh´n
manchmal hört er noch ihr Lachen
Da sitzt der alte Mann einsam und allein
vor dem Fenster zum Garten
wie jeden Tag im Heim
in sich gekehrt auf Besuch seiner Kinder wartend
Schaut zu dem alten Baum hin
denkt sich, der ist wie ich
weiß der wer ich bin
verlier ich mich

Plötzlich sind seine Kinder mit seinen Enkeln da
Glück und Wärme ummantelt sein altes Herz
schnell vergessen was gerade noch in seinem Tagtraum war
verdrängt wird sein Schmerz
Vielleicht, nur für eine kurze Zeit fühlt er sich wichtig
denkt sich: Bin doch anders als mein Baum,
ist das wirklich richtig?
Oder wieder nur ein Traum

© Frank Laser

**Ich hatte einen Traum**

Ich hatte einen Traum.
Ich träumte von 'nem Baum,
der uns alle beschützt.
Es hat mir nichts genützt.
Denn alle Lösungen im Leben
kann auch ein Baum nicht geben.
Und ist er noch so alt,
so lässt es ihn doch kalt.
Ich hatte einen Traum,
Der Baum, er hilft mir kaum.

© Ingrid Hartung

## Waldgeister

In finsterer Nacht, da heulen
im Zauberwald die Eulen,
es krächzen schwarze Raben
durch dichte Nebelschwaden.

Der Mond bläst die Laterne aus,
der Wald lässt seine Geister raus,
tief aus dem Inneren der Erde,
da trampelt eine garstig´ Herde.

In Scharen strömen sie heraus,
mit viel Getöse und Gebraus,
und ihr Gegröle schaurig hallt,
grausig durch den finsteren Wald.

Klein, verhutzelt, stark behaart,
mit bösem Blick und wirrem Bart,
wollen sie Furcht und Angst verbreiten,
mit Wolfszähnen wild um sich beißen.

Doch die Dryaden halten Wacht,
auf böse Geister in der Nacht,
vertreiben sie mit Harfenklang
und ihrem lieblichen Gesang.

Und auch das Feenvolk ist bereit,
zu vertreiben, jeder Zeit,
solche schlimmen Geisterwesen,
verhauen sie mit Zauberbesen.

Da sieht man diese mit Entsetzen,
schnell wieder zu den Löchern wetzen,
aus denen sie gekommen sind,
verschwinden sie darin, geschwind.

Frau Luna schickt ihr Silberlicht,
sogleich lichtet der Nebel sich,
der Frieden zieht nun wieder ein,
in den schönen Zauberhain.

Die Waldbewohner freuen sich alle,
auch das kleine Eichhorn Kalle,
und so feiern alle jetzt,
fröhlich, ein großes Siegesfest.

© Sabine Müller

## Zeit für ein neues Kleid

Einst ging der Herr durch seinen Garten.
Da rief ein Baum: „Kannst Du mal warten?"
Nun ja, was gibt's, hab nicht viel Zeit.
Ach Herr, ich bin es ja so Leid,
Tagein, tagaus dasselbe Kleid.
Ich kann es einfach nicht mehr seh'n.
auch diese Farbe, dieses Grün.

Alles wird mir bald zu viel.
Das liegt bestimmt am Chlorophyll.
Vor kurzem hab ich mich betrunken.
So tief bin ich bereits gesunken.
Ich hatte einen in der Krone.
Das gab's noch nicht, seit ich hier wohne.

Als ich an mir hinunter schau,
ist mein Gewand tatsächlich blau,
bis dann der gelbe Blütenstaub
sich niedersetzte auf mein Laub.
Da war es um das Blau gescheh'n.
Blau vermischt mit Gelb wird grün.

Ich sah es unter meinem Schatten,
dass Frauen bunte Kleider hatten.
Ich war total durchsetzt vom Neid
mit meinem immergrünen Kleid.
„Halt, sagt der Herr, sprich jetzt nicht weiter.
Ich kenne einen guten Mann,
der dir da weiterhelfen kann.

Er ist so hochbegabt als Schneider,
macht farbenfroh dir deine Kleider."
Wie es gesagt, so ward's getan.
Sehr bald schon hatte unser Baum
ein neues Kleid, bunt wie ein Traum.

Jedoch das Werk war kaum vollbracht,
der Baum nun neuen Ärger macht.
So etwas hätt' er nie bestellt,
sich andre Farben vorgestellt.
Viel bunter, knallig, nicht so trist,
und dieses Kleid sei großer Mist.

Der Schneider Herbst ein Stümper sei.
Was dachte er sich denn dabei?
Der Herr war gar nicht angetan
nun von des Baumes Undank - Wahn.
Sehr zornig er den Sturm bestellt,
der strafen sollt den Nörgelheld
Er hat das Baumkleid weggefegt,
des Baumes Äste freigelegt.

Den Baum nun das Entsetzen packt,
dass er dasteht, jetzt ganz nackt.
Das ist kein Spaß für ihn, ihr Kinder,
muss frieren nun den ganzen Winter
und jeder Baum auch ohne Laub
der zittert jetzt, sag's mit Verlaub,
nun immerfort wie Espenlaub.

Hat die Natur das zu verdanken,
dass Bäume wohl am Undank kranken?
Ausnahmen machen hier auf Erden,
dass nur die Tannenbäume werden
für immer gut bekleidet sein.
Das Kleid in grün ist für sie fein.

© Greta Hennen

## Mondgarn

Träumend schau ich aus dem Fenster
in die kalte Nacht hinein,
Wolken ziehen wie Gespenster, grau
durchs Nebelschloss herein.

Wandern sanft in lauen Kleidern
Himmelsgärtnern gleich durchs Land,
streifen durch die lichten Wälder
elfenleicht mit kühler Hand.

Tanzen mit dem Nebelkleide
weiße Schleier übers Moor
lockend, rufend ihre Worte,
dringen seufzend an mein Ohr.

Meine Sinne sind verzaubert
meine Seele müd und schwer,
wie die Trauer in mir lauert
merkt mein Geist bereits nicht mehr.

Träumend schau ich aus dem Fenster
in die kalte Nacht hinein,
langsam weichen die Gespenster
einem hellen Mondenschein.

© Heike Schmidt

## Herbst-Time - Denglisch -

Wenn all the Blätter falling down,
then is he bald kahl, the Baum,
and the Igel, very munter,
build a Nest sich, dort darunter,

The Vogelscheuche, really wacker,
erschreckt the Ravens on the Acker,
also we can wieder hören,
wie in the Forest Hirsche röhren.

The Kürbis now get ein Gesicht,
im Dunkeln glows inside a Licht,
so mancher looks gar schaurig aus,
you see them vor fast every House.

Delicious tastes der Pflaumenkuchen,
It´s fun, im Wald Mushrooms zu suchen,
but vorsicht, not all you can eat,
ansonsten, your last word is : "shit!"

The Apfelernte was famos,
and some Durst ist wohl much groß,
this can you see on many Boy,
he is in love with Äppelwoi.*

The T-Shirt Time is now to end,
well, I like my Flanellhemd,
the Days are getting merklich kühler,
and it's raining wieder vielmehr.

Dont forget now your Umbrella,
because, es kommt the Snuff ganz schnell, er
liegt bestimmt schon on the Lauer,
when comes the next Regenschauer.


But wenn the Sun is shining dolle,
freuen sich alle, auch the Bolle,
the Herbst is really wunderbar,
thats is doch wirklich sure, nicht wahr?

© Sabine Müller

## Abgenabelt ?

Kaum sind die Menschen abgenabelt,
da werden sie ganz neu verkabelt
mit Laptop, Smartphone, und PC
Hast Du mal keines, tut's Dir weh.

Der Daumen wird nicht mehr gelutscht,
stattdessen vor'm PC gerutscht.
Und oh, - nimmt jemand ihn Dir weg,
schon ist dein Leben ohne Zweck.

Kaum ist entsorgt der letzte Nuggel,
suchst nach Ersatz du schon bei Google.
Fehlt dir die Milch jetzt aus der Flasche,
nimmst du dein Smartphone aus der Tasche.

Was ist mit unsrer Welt bloß los ?
Ja, werden Kinder nicht mehr groß ?
Man fällt von einer in die nächste Sucht,
ist vor dem Leben auf der Flucht.

Mit Facebook, das ist doch die Masche,
hast Du die Freunde in der Tasche.
Du brauchst dich nicht mehr zu bemüh'n,
musst nicht mal vor die Tür mehr geh'n.

Sag doch seit wann, wie lang ist's her,
sahst du wohl keinen Menschen mehr ?

© Greta Hennen

## Ändere dich

Du bist zu Gast auf dieser Welt,
denkst immer nur ans liebe Geld,
lässt von Scheinen dich stets blenden,
nimmst sie an, mit beiden Händen.

Keinen Plan hast du fürs Leben,
deine Eltern soll´n nur geben,
du bist ein Jemand ohne Wissen,
findest nie ein Ruhekissen.

Dein Horizont reicht auch nicht weit,
sonst wärst zur Umkehr du bereit,
von Einsicht fehlt dir jede Spur,
du kennst nur Egoismus pur.

Manchmal kann ich dich verstehen,
kann den Grund dafür auch sehen,
du hast zuhause nichts gelernt,
und dich vom Weltgescheh´n entfernt.

Jetzt werde wach und fang neu an,
lass ab von deinem Faulheitswahn,
mach dir im Kopf doch endlich klar,
die Eltern sind nicht ewig da.

© Horst Rehmann

Bild Vertieft: © KarlHiller

## Konsequent

Ein Mensch, noch jung an Jahren,
der musste grad erfahren,
dass Handy, Smartphone und Tablet,
er nicht vor seiner Mutti rett´.

Dies alles nahm sie ihm im Nu
und so kam es so schnell dazu.
Den blauen Brief in ihrer Hand,
zweifelt sie an sein´m Verstand.

Die Englischarbeit ist vermasselt,
weil er am Handy hat gequasselt.
Nun darf er im Freien sitzen,
doch über Vokabeln muss er schwitzen.

© Sabine Brauer

# Dana-Sophie

Dana-Sophie war ein quirliges und aufgewecktes junges Mädchen von zwölf Jahren und ging auf die Realschule ihrer Heimatstadt. Sie hatte viele Freundinnen, von denen die meisten nicht weit von ihr entfernt wohnten und sie selbst wohnte mit ihren Eltern am Stadtrand in einem schönen Haus mit großem Grundstück. In ihrer Freizeit ging sie gerne schwimmen, traf sich mit ihren Freundinnen oder saß an ihrem eigenen Computer.
Ihre Eltern – Elisabeth und Thomas – waren beide berufstätig. Elisabeth arbeitete halbtags im Büro und Thomas in drei Schichten bei der Bahn. Eigentlich war Dana-Sophie eine sehr gute Schülerin und hatte keine Probleme in der Schule. In den letzten Wochen waren ihre Leistungen aber um einiges schlechter geworden und vor einigen Tagen hatte sie sogar in einer Deutscharbeit ein „Mangelhaft" geschrieben.
Die Eltern hatten das alles gemerkt, aber sie machten sich keine Sorgen und dachten, dass ein abwechslungsreiches Programm in den anstehenden Ferien ihre Akkus wieder aufladen würde.
So kam Ostern und Dana-Sophie hatte, wie alle anderen auch, zwei Wochen Ferien.

Ihre Eltern hatten die Woche nach Ostern auch frei, so dass die Familie viel zusammen unternehmen konnte. In der zweiten Ferienwoche mussten die Eltern wieder arbeiten und Dana-Sophie war dann immer einige Stunden alleine zu Hause. Eine ältere Dame aus dem Nachbarhaus hatte einen Schlüssel und kam ab und zu rüber, um nach ihr zu sehen. Aber es gab keine Probleme, denn sie saß meistens an ihrem Computer. Das wiederum fiel auch den Eltern auf, aber diese dachten sich, Dana hat Ferien, dann drücken wir mal ein Auge zu.

Als Elisabeth und Thomas am letzten Ferienwochenende noch etwas mit Dana-Sophie unternehmen wollten, aber diese überhaupt keine Lust hatte, sondern lieber am PC sitzen wollte, platzte ihrem Vater der Kragen: „Jetzt reicht es! Ich sehe nicht länger zu, wie du deine Zeit am Computer verschwendest. Diese Woche war eine absolute Ausnahme. Ab sofort fragst du uns um Erlaubnis, ob du den PC anmachen darfst. Und überhaupt, stecke deine Nase lieber in die Bücher, das macht mehr Sinn!"
Dana-Sophies Antwort kam sofort: „Aber Papa, wenn ich mich mit dem Bildschirm beschäftige, dann ist das Bildung. Wenn ich ein Buch zur Hand nehme, ist das eine Buchung. Was ist wichtiger für mich?"

Thomas stand mit offenem Mund vor seiner Tochter und wusste nicht, was er sagen sollte, darum drehte er sich um und verließ das Zimmer.
Als die Schule wieder anfing, machten die Eltern ihre Drohung wahr. Dana Sophie durfte den PC nur anmachen, wenn sie gefragt hatte und ein Elternteil zu Hause war, um in Stichproben zu kontrollieren, was sie dort machte. Trotz allem blieben die Leistungen in der Schule schlecht, und auch körperlich baute Dana ab. Die besorgten Eltern suchten immer wieder das Gespräch mit ihr, aber sie drangen nicht zu ihr durch. Ungefähr drei Wochen nach den Osterferien fand ihr Vater, der morgens von der Arbeit gekommen war, während seine Frau und seine Tochter schon außer Haus waren, auf ihrem Schreibtisch ein Schulheft, das Dana-Sophie wohl vergessen hatte. Thomas nahm das Heft, schlug es auf – und war entsetzt. Fast auf jeder Seite waren gemalte Herzen und in diese der Name „Vincent" geschrieben. Doch wer war Vincent? Einen Jungen mit diesem Namen kannte Thomas nicht. War es vielleicht sogar ein fremder Mann, den

Dana im Internat kennen gelernt hatte? Er malte sich schon die schlimmsten und schlechtesten Dinge von diesem Vincent aus. Aber wenn es doch ein Junge aus der Schule war und sie hatte sich verliebt, warum machte Dana so ein Geheimnis daraus? Das wäre doch alles normal. Waren sie – Thomas und Elisabeth – so schlechte Eltern, dass sich ihre Tochter ihnen nicht anvertraute? Er beschloss, auf seine Frau zu warten, um dann alles mit ihr zu besprechen.
Als diese dann von der Arbeit nach Hause kam, und ihr Thomas das Schulheft zeigte, und von seinen Vermutungen, aber auch Befürchtungen erzählte, war auch Elisabeth bestürzt und sprachlos. Sie beschlossen, rechtzeitig zur Schule zu fahren, um Dana-Sophie abzuholen. Vielleicht konnten sie ja etwas beobachten, was ihnen weiterhelfen würde. So fuhren die beiden zur Schule und warteten darauf, dass der Unterricht zu Ende war. Alle Kinder kamen heraus, nur ihre Tochter nicht.

Thomas und Elisabeth stiegen aus dem Auto und gingen in die Schule, um die Klassenlehrerin zu suchen. Diese wurde auch schnell gefunden und war ganz erstaunt, als die beiden nach Dana fragten, denn der Unterricht war für die ganze Klasse schon seit einer Stunde zu Ende. Dana wäre wie immer nach der Schule zu Frau Haltmeier gegangen. Das Gesicht der Eltern war ein einziges Fragezeichen. Wer war Frau Haltmeier, wo wohnte sie und was machte Dana-Sophie dort? Die Lehrerin schaute sie einen Augenblick mit einem merkwürdigen Blick an und beschrieb ihnen dann den Weg zu dieser Frau. Thomas und Elisabeth liefen zu ihrem Auto, um zu Frau Haltmeier zu fahren, - die sie übrigens vom Sehen kannten, ohne ihren Namen zu wissen. Als die beiden zu dem Haus kamen und anhielten, sahen sie Dana gerade noch um die Straßenecke gehen.
Sie fuhren gleich hinterher und Thomas hupte, um sich bemerk-

bar zu machen. Dana drehte sich um und erschrak, als sie ihre Eltern erkannte. Diese stiegen aus dem Auto und überhäuften ihre Tochter derart mit Fragen und Vorwürfen, dass diese bald anfing zu weinen. Da wurden Thomas und Elisabeth ruhiger und Dana-Sophie fing langsam an zu erzählen: „Ich habe Frau Haltmeier durch Zufall vor Wochen kennen gelernt. Auf dem Weg von der Schule nach Hause, sah ich sie langsam die Straße entlang gehen. Sie trug eine schwere Einkaufstasche und war am Humpeln.

Auf einmal geriet sie ins Straucheln und fiel hin, wobei sich die Tasche öffnete und alles herausfiel. Einige Kinder sahen das, fingen an zu lachen und zeigten mit dem Finger auf sie. Ich hörte auch, wie von zwei Frauen gesagt wurde: ‚Die Alte ist bestimmt wieder besoffen!', aber was sollte ich machen?"

Dana-Sophie sah ihre Eltern immer noch ängstlich an. Gleichzeitig wurde aber ihre Stimme immer fester und bestimmter, als sie weitersprach: „Ihr hattet mir verboten, in Kontakt mit Frau Haltmeier zu kommen. Ihr habt gesagt, dass keiner etwas Gutes über sie redet. Sie wäre eine einsame und verbitterte Frau, darum wäre sie auch dem Alkohol verfallen. Alles bei ihr wäre heruntergekommen, verdreckt und am Stinken – sowohl im Haus, als auch sie selber!

Als sie dann langsam versuchte aufzustehen und ihr immer noch niemand helfen wollte, bin ich hingelaufen und habe ihr geholfen. Dann habe ich ihr die Lebensmittel wieder in die Tasche gepackt und Frau Haltmeier nach Hause begleitet. Erst wollte sie das nicht, aber dann hat sie sich bedankt. Und wisst ihr was? In ihrem Haus ist es sauber und stinken tut es auch nicht. Weder im Haus, noch sie selber und ich habe nirgendwo eine Flasche Alkohol gefunden!" Danas Blick war von ängstlich in vorwurfsvoll gewechselt und ihr Auftreten und Reden wurde immer selbstsicherer:

„Frau Haltmeier stellte mich dann ihrer Familie vor. Ihren beiden Hunden, von denen einer nur drei Beine hat, ihrer Katze, die keinen Schwanz mehr hat, den beiden Kaninchen und den drei Schildkröten. In dem großen Schuppen hinter dem Haus hat Vincent seine letzte Heimat gefunden. Vincent ist ein kleines, altes Pony, das keiner mehr haben wollte. Die anderen Tiere hat Frau Haltmeier von der Straße geholt. Dort waren sie angefahren, verletzt, oder einfach ausgesetzt worden. Sie hat diese Tiere bei sich aufgenommen, pflegt sie und sorgt dafür, dass es ihnen gut geht, und ich helfe ihr dabei! Besonders Vincent wartet schon jeden Tag auf mich und begrüßt mich mit einem Nasenstüber."
Dana-Sophie sagte jetzt nichts mehr, sah Thomas und Elisabeth an und machte langsam zwei Schritte rückwärts. Ihre Eltern hatten die ganze Zeit sprachlos zugehört und wussten auch jetzt nicht, was sie sagen sollten.

Elisabeth fand als erste die Sprache wieder und es folgte die Frage, die einfach kommen musste: „Warum hast du uns denn nichts davon erzählt?"
Dana-Sophies Antwort kam leise und stockend: „Ich hatte Angst davor, was ihr mit mir macht, wenn ich einer Frau helfe, die in euren Augen nichts taugt und keine Hilfe verdient hat!" Da fing ihre Mutter an zu weinen und ihr Vater brachte immer noch kein Wort heraus. Sie hatten in diesen Minuten mehr über und besonders von ihrer Tochter gelernt, als in den ganzen zwölf Jahren! Dana-Sophie – ein kleines Mädchen, dass trotz Angst, die in Vorurteilen festgefahrene Welt der Erwachsenen ins Wanken brachte!

© Kurt von der Heide

## Per Mausklick „Freunde" sammeln

Hallo, mein Freund,
ein Freund, das biste.
Der Tausendste auf meiner Liste.

Ich weiß nicht einmal wer du bist,
woher du kommst und was du magst.
Ein lieber Kerl oder Sadist?
Hab' nicht einmal danach gefragt.

Ich habe dich noch nie gesehen,
und nichts von dir gelesen.
Werde dir nie zur Seite stehen.
Mein Freund, du unbekanntes Wesen.

Als Freund verlange ich nicht viel
denn das ist alles ganz egal.
Schau nicht einmal in dein Profil
was wirklich zählt, das ist die Zahl.

Ich bin ein Star im Internet.
Ich kenne Jeden, überall.
Hab' viele Freunde, hier im Chat
und auf dem ganzen Erdenball.

Menschen die im echten Leben
mich nicht mal mit dem Po ansehen.
Wollen mir ihre Freundschaft geben.
Fühl mich hier wichtig und auch schön.

Ich möchte viele Freunde finden
Ganz egal ob Frau, ob Mann.
Das hilft die Einsamkeit zu lindern.
Komm werd mein Freund und klick mich an.

© Michael Jörchel

**Chatterfreundschaft**

Ich bin sehr oft im Internet.
Ich rede viel, in meinem Chat.
Freunde habe ich zu Hauf.
Bin ich nicht dort, fällt es nicht auf.
Jeder Freund ein Name nur,
ein bunter Text im Monitor.
Kein Freund, der immer zu mir steht.
Der den Weg, mit mir, gemeinsam geht.
Niemand der mich ganz fest hält.
Wenn meine Welt zusammenfällt.
Ich möchte nicht mehr einsam sein.
Doch ohne Strom bin ich allein.

© Michael Jörchel

# Leseratte

© Karl Hiller

## Das Tagebuch

O nein! Sie hat mein Tagebuch
und stöbert drin herum.
Das geht mir so was auf den Keks.
Ich find´s gemein und dumm.

„He Emma, gib mir´s Tagebuch,
sonst kannst du was erleben,
ich muss dir sonst, so Leid ´s mir tut
gewaltig eine kleben!"

„Ach Mia, mach nicht so ´n Geschrei,
wir sollten uns vertragen,
wenn Mama das Gezeter hört
stellt sie nur dumme Fragen."

© Sabine Brauer

## Teenager Blues

Ich würde gern ins Schwimmbad gehen,
auch hätte ich gern Eis.
Doch Mama sagt: "Nimm´s Taschengeld".
Ich finde, das ist Schei...

Die Freunde sind in Urlaub
und suhlen sich im Meer.
Nur ich sitze allein zu Haus.
Ach, ist das Leben schwer.

„Zur Oma könnt´st du fahren,
denn Radeln ist gesund",
so sagte Papa grad zu mir,
mir wird das gleich zu bunt.

Was soll ich bei der Oma?
Da ist doch gar nichts los.
Die sitzt doch ständig vorm TV.
Was mache ich denn bloß?

Ich setz mich in mein Zimmer
und schließe mich dort ein!
Denn alle Welt um mich herum
ist doof und hundsgemein!

© Sabine Brauer

# Manchmal

Manchmal bin ich der glücklichste Mensch der Welt.
Manchmal mir das Leben nicht gefällt.
Manchmal bin ich bereit zu hoffen.
Manchmal fühle ich mich vom Blitz getroffen
Manchmal ist es mir zu laut.
Manchmal hab ich mich getraut.
Manchmal stehn die Uhren still.
Manchmal will ich viel zu viel.
Manchmal hab nich eine Krise.
Manchmal bin ich auch ein Riese.
Manchmal bin ich ganz allein.
Manchmal will ich bei dir sein.
Manchmal ist alles mir egal.
Manchmal ist das Leben eine Qual.
Manchmal ist es auch ganz toll.
Manchmal ist das Glas noch voll.
Manchmal bin ich richtig fertig.
Manchmal bin ich gegenwärtig.
Manchmal warte ich zu lange.
Manchmal wird mir auch ganz bange.
Manchmal bin ich ganz am Ende.
Manchmal zittern mir die Hände.
Manchmal bin ich super drauf.
Manchmal gebe ich mich auf.
Manchmal fühle ich mich klein.

Manchmal möchte ich größer sein.
Manchmal träum ich vor mich hin.
Manchmal weiß ich gar nicht , wer ich bin.
Manchmal möchte ich die Welt umarmen.
Manchmal kenn ich kein Erbarmen.
Manchmal weine ich ganz leise.
Manchmal bin ich auf der Reise.
Manchmal möchte ich noch warten.
Manchmal hab ich schlechte Karten.
Manchmal bin ich ein Idiot.
Manchmal wär ich lieber tot.
Manchmal verliere ich den Mut.
Manchmal geht's mir richtig gut.
Manchmal habe ich verloren.
Manchmal bin ich neu geboren.
Manchmal glaub ich, ich bin alt.
Manchmal ist mir auch ganz kalt.
Manchmal denk ich, ich bin jung.
Manchmal hab ich richtig Schwung.
Manchmal mach ich keine Pause.
Manchmal will ich nur nach Hause.
Manchmal zähle ich die Sterne.
Manchmal schau ich in die Ferne.
Manchmal bin ich dir ganz nah.
Manchmal ich den Wahnsinn sah.
Manchmal lese ich sehr gern.
Manchmal bin ich lieber fern.
Manchmal bin ich aufgewacht.

Manchmal hab ich auch gelacht.
Manchmal flossen tausend Tränen.
Manchmal musste ich mich schämen.
Manchmal bin ich wie ich bin.
Manchmal nehme ich es hin.
Manchmal bin ich wieder ich.
Manchmal warte ich auf dich.
Manchmal find ich's schön zu leben
aber auch nur manchmal eben..

© Ingrid Hartung

## Der Fluch des freundlichen Mannes

Ein Wanderer zog durch die Straßen eines Ortes.
Nach einer Weile bemerkte er Kinder die hinter ihm her liefen und sich über ihn lustig machten.
Sie ahmten seinen Gang nach, schnitten, hinter seinem Rücken, Grimassen, bewarfen ihn mit kleinen Steinen und Obstkernen.

Der Wanderer drehte sich um und anstatt böse zu werden und sie zu maßregeln, lächelte er nur freundlich und erzählte ihnen eine Geschichte.

„Vor vielen Jahren, als ich ungefähr so alt gewesen bin wir ihr, da lebte in meiner Nachbarschaft ein Mann, der zu jedem freundlich gewesen ist und dem niemals ein böses Wort über die Lippen kam.Trotzdem wurde er, von uns Kindern, verspottet. Er hinkte und konnte nicht richtig reden. Also, für uns, gute Gründe um sich über ihn lustig zu machen. Wir stahlen Obst aus seinem Garten und warfen Schmutz gegen seine Fenster.

Eines Tages kam dieser Mann zu uns Kindern heraus gehinkt und sprach uns mit seiner einzigartigen Stimme an.
„ Ihr werdet mich bald vergessen haben" sagte er „ aber jedes Mal, wenn der Fluch, den ich über euch verhänge, wirksam wird dann werdet ihr euch an mich erinnern.
Hört mir gut zu."Seine Augen blickten nachdenklich und sanft in die Ferne.„ Irgendwann, wenn ihr erwachsen seid und an Reife und Klugheit gewonnen habt dann werdet ihr auf Menschen treffen die euch verhöhnen und erniedrigen. Menschen, die über euch Scherze machen, über das was ihr seid und über das was ihr tut." „Er machte eine Pause" erinnerte sich der Wanderer"

und bevor er weitersprach, atmete er, tief, die milde Abendluft ein."

„Wenn ihr in diesem Moment nicht das Bedürfnis verspürt ihnen körperlich zu schaden oder sie ebenso, verbal, zu diffamieren dann habt ihr eine weitere Stufe der Weisheit erreicht und wenn ihr euch erinnert, dass ihr einmal genau so gewesen seid und ihr euch dessen schämt, für das was ihr getan habt, dann habt ihr die Strafe, für euer Handeln, erhalten.
Kaum eine Strafe ist nützlicher als Eine, die jemanden wieder einen Schritt weiter zur Selbsterkenntnis bringt, eine Strafe in der man sich bewusst wird wie wichtig der Respekt und die Demut zu anderen Dingen und Lebewesen ist."

Der Wanderer beendete seine Geschichte und wandte sich wieder, direkt, den Kindern zu.

„Je älter ich wurde" sprach der Wanderer weiter „ desto häufiger erinnerte ich mich an diesen Mann. Dieser Mann, dessen Lächeln und Freundlichkeit wir oft als Dummheit und Schwäche angesehen haben. Es dauerte noch einige Zeit bis der „Fluch der Erkenntnis „ mich eingeholt hat."

Nun liegt es an mir, diesen „Fluch" an euch weiterzugeben."

Die Kinder blieben erst schweigend, dann aber wieder höhnisch lachend und spottend zurück.
Schon bald haben sie den Vorfall und auch den Wanderer vergessen.
Bis, eines Tages, viele Jahre später ...

© Michael Jörchel

## Das Scheidungskind

Vater ach Vater, siehst du mich?
Vater ach Vater hier stehe ich.

Meine Augen brennen sind tränennass.
Ich weine tagtäglich und weiß nicht für was.
Mutter ist Mutter, ist nicht der Vater.
Ich brauche den Freund, Kameraden, Berater.
Du hast mich verlassen vor knapp einem Jahr.
Du gingst als ein Knab, ein kleiner ich war.

Oft stand ich weinend vor eurer Tür,
Ihr habt gezankt, gestritten, wofür?
Ich sollte nicht hören den ewigen Streit,
Ich tat dir Vater immer so leid.
Ich hörte genau den ewigen Krach,
ich lag im Bette stundenlang wach.

Ich konnte nicht wissen, warum es so war.
Du führtest die Hand so sacht durch mein Haar.
Du hast mich geküsst, gestreichelt, geherzt.
Mit mir gesungen, gespielt und gescherzt.
Du hast an meinem Bettchen gesessen,
Geschichten erzählt, die Zeit ganz vergessen.

Du hast mich gewaschen, gewickelt, getragen,
Du gabst mir Antwort auf meine Fragen.
Über Nacht musstest du fort,
irgendwohin an einen anderen Ort.
Ich blieb zurück mit der Mutter allein,
sag Vater, musste das sein?

Ich bin doch, so sagt ihr, in Liebe geboren.
Warum hab ich so jung schon den Vater verloren.
Was immer zwischen Erwachsenen ist,
ich bin das Kind das den Vater vermisst.
Warum könnt ihr euch für mich nicht entscheiden?
Warum muss ich unschuldig so fürchterlich leiden.
Ihr habt mich jetzt schon kaputtgemacht
Und darüber bestimmt nicht nachgedacht.
Trotzdem schlägt mein Herz für beide so sehr.
Ich will die Mutter und den Vater, nichts mehr.
Alles was ich mir wünsche, hoffend erträume,
sind und bleiben auf Dauer nur Schäume.

Ich möchte erzogen werden zum Manne im Leben,
Ihr sollt auch mir die Chance geben.
Vater, hart ist das Leben hast du gesagt,
Ich habe nicht nach den Gründen gefragt.
So trocknen meine Tränen nicht,
Wie sehr ich leide, siehst du nicht.

Vater ach Vater, komm doch zurück.
Mein lieber Vater ich brauch dich zum Glück.

© Bernd Rosarius 1982

# Hoffnung

Letztens hab ich in der Nacht
über vieles nachgedacht.
Über die Menschen und die Welt,
über das, was mir gefällt.

Und weshalb ich traurig bin,
das zu ergründen macht wohl Sinn.
Doch an vielen langen Tagen
kann ich einfach es nicht sagen.

Eine Stimmung, die verrät,
dass nicht alles glatt nur geht.
Die Erde sich wohl immer dreht,
doch manchmal ist es halt zu spät.

Du siehst das Ziel nicht mehr.
Es ist zu lange her,
dass du dich fühlst geborgen,
jetzt hast du nur noch Sorgen.

Und es ist alle Tage
stets dieselbe Plage.
Du weißt nicht, wie es weitergehen soll,
und dein Herz ist voller Groll.

Du willst es überwinden
und neue Wege finden.
Du musst dir auch vertrauen
und eine Brücke bauen.

Lass in dein Herz den Sonnenschein,
der wird dir ewig dankbar sein.
Und ist dein Wille noch so klein,
sein Leuchten ist für immer dein.

Das Leuchten der Sterne
in der Ferne,
das Licht im Leben
wird Hoffnung dir geben.

© Ingrid Hartung

## Hilfeschrei

Immerzu nur muss ich weinen,
bin so einsam und allein.
Warum fühl´ ich mich verstoßen,
darf nicht bei beiden Eltern sein?

War ich der Grund, weshalb sie stritten,
weil ich oft frech und bockig war?
Hat Mama wegen mir gelitten?
Jetzt ist der Papa nicht mehr da.

Immerzu nur muss ich weinen,
möchte laut um Hilfe schrei´n.
Papa, Mama, hört mich keiner?
Will doch bei euch beiden sein.

© Sabine Brauer

# Radfahrer

© Karl Hiller

# Kugelblitz

Drei Tafeln Nussschokolade,
und drei Flaschen Limonade,
das ist, das Frühstück von Harald,
der Knirps ist grad mal zwölf Jahr alt.

Eineinhalb Zentner ist er schwer,
sieht längst seine Füße nicht mehr,
hat ein enormes Doppelkinn,
und nichts als Faulenzen im Sinn.

Mittags würgt er sich Pizza rein,
Nachtisch muss Eis mit Sahne sein,
drei Stücke Torte dann um Vier,
verschlingt er hastig mit viel Gier.

Er isst Bauchspeck und fette Wurst,
schlürft den Kakao gegen Durst,
im Bett sind viele Bonbons dran,
weil er dann besser schlafen kann.

Und während er am Lutscher nagt,
hört er noch was sein Vater sagt:
„Harald, verdammt nochmal nimm ab,
sonst liegst du schon als Kind im Grab."

„Im ganzen Ort bist du bekannt,
wirst spöttisch Kugelblitz genannt,
nun schlafe gut, es ist schon spät,
ab morgen machst du stramm – Diät !"

© Horst Rehmann

## Jugendliche

Es ist ganz egal wohin man geht,
überall sieht man nur Fratzen,
es ist die Jugend, die drauf steht,
auf lange Haare und auf Glatzen.

Jugendliche sind total verrückt,
tragen viel zu große Kleider,
gehen statt aufrecht, gern gebückt,
sehen aus wie Hungerleider.

Sie saufen, kiffen, hängen rum,
sind so richtig faule Leute,
ein großer Teil ist träg und dumm,
ist ´ne unbrauchbare Meute.

Ihr fehlt der Anstand, der Respekt,
sie denkt auch nicht an Morgen,
spricht ihren eignen Dialekt,
macht sich um gar nichts Sorgen.

Die Jugend stellt sich gerne quer,
die neue Zeit ist ihr Revier,
doch ist´s erst ein paar Jahre her,
da war´n "die Jugendlichen" – wir.

© Horst Rehmann

## Zuhause

Zuhause kann überall sein
im Herz im Kopf im Bauch.
Zuhause unter Vielen und doch allein
weil ich das manchmal brauch.

Zuhause sein im Himmelreich
oder geborgen in einer Regentonne.
Nicht sagen müssen ich komme gleich
und schenke dir die Wärme der Sonne.

Zuhause sein im Hier und Jetzt,
auch wenn ein starker Sturm aufzieht.
Zuhause ist da, wo mich niemand verletzt
und das Gute aus sich heraus geschieht.

© Christine Bücker

## Gib nicht auf!

Wenn du weinend die Welt durchschaust,
wenn du dich nichts zu sagen traust,
wenn in dir das Glück vergeht
und du nur noch aus Verzweiflung bestehst.
Wenn der letzte Hauch Hoffnung verweht
und die Liebe nur noch in deinen Träumen lebt.
Dann musst du kämpfen
sonst ist es zu spät!!!

© Mirjam Kuhn

## Was ist Glück?

Sag mir, Mama , was ist Glück?
Ist es vom Braten das größte Stück?
Hat man Glück, wenn man eine Reise gewinnt?
Wenn es im Lotto die richtigen Zahlen sind?
Dann kann man sich kaufen, was man will...
Sag mir, Mama, warum bist du so still?

Glück, mein Kind, ist wie ein Hauch.
Manchmal ein kleines Kribbeln im Bauch.
Glück ist oft Sekundensache.
Wenn ich mal von Herzen lache.
Wenn ich daran denken muss,
an deinen feuchten Kinderkuss.

Reichtum, mein Kind,
hat mit Glück nichts zu tun.
Reiche haben keine Zeit mehr ,
sich auszuruh´n.
Sie müssen raffen und wollen stets mehr.
Laufen dem Glück oft nur hinterher.

Glück ist, jemandem eine Freude zu machen.
Ein liebes Wort. Ganz einfache Sachen.
Gekauftes Glück, es macht nicht froh.
Glaub´ mir, mein Kind, es ist schon so.
Durch Jesus mit Gott verbunden sein,
ist ewiges Glück , wie ich es mein.

© Sabine Brauer

## Eine Mutter und ihre Kinder

Beschämt standen die Jahreszeiten vor ihrer lieben Mutter der Natur. Sie hatte zu ihrem großen Bedauern ihren Kindern eine strenge Strafpredigt halten müssen. Denn alle Vier bummelten im letzten Jahr, waren ihren Aufgaben nur mangelhaft nachgekommen und hatten sie schwer enttäuscht. Das musste sich ändern. Die Mutter hatte immer noch die Hoffnung bei sich und die blieb. Sie hatte noch nicht aufgegeben, und glaubte immer noch daran, dass die lausigen Geschwister ein Einsehen haben würden.
Da war zum Beispiel der leichtsinnige Frühling. Er hatte einfach verschlafen. Dabei sollte er während seiner Zeit, doch mit der Entfaltung des Wachstums beschäftigt sein und die Welt mit duftenden Blüten füllen. Aber der hübsche Bruder Leichtsinn gebot dem Frost keinen Einhalt. Winterlicher Eiswind mit Schnee fegte über die Erde und ließ die mutigen Versuche der Pflanzenwelt eisig erstarren oder kalte Regengüsse ertränkten alles, was sich zum Gedeihen bereit gemacht hatte. Indessen schlief der Frühling und wäre überhaupt nicht erwacht, hätte der kalte Wind und die unglaubliche Nässe ihn nicht geweckt. Murrend erhob er sich viel zu spät. Während die Pflanzenwelt schon lange ungeduldig und frierend in den überschwemmten Startlöchern stand und auf die Frühlingssonne wartete, gähnte er noch mit halb geschlossenen Augen und zerknittertem Gesicht.
Noch in keinem Jahr musste die Welt so lange auf ihren Frühling warten. Doch obwohl dem neuen Leben diese Warterei so langsam auf den Geist ging, war das Wachstum bereit, sich dennoch sofort in Schönheit zu präsentieren, trotz der reichlichen Verzögerung. Selbstverständlich sah der Frühling sein Versäumnis ein, raffte sich voller Reue schleunig auf und machte dem Ungemach Beine, damit das Wachsen und Blühen endlich beginnen konnte.

Und tatsächlich, sofort als es ein wenig wärmer war, drängten die Pflanzen mit Macht an die laue Luft. Sie grünten und blühten und beschenkten die Welt mit einem bunten Kleid, womit sie ihren leichtsinnigen, späten Frühling schmückten. Die Hoffnung atmete auf.
Ebenso pflichtvergessen wie sein Bruder Frühling, ließ der Sommer den Schlendrian einreißen. Er ließ sich von der Sonne seinen Bauch wärmen, sooft sie bereit dazu war, und versäumte es, die Naturgewalten rechtzeitig in ihre Schranken zu weisen. Kaum hatte die Sonne ihr warmes Gold über das geschundene Land ausgebreitet, da musste auch schon einer der Tunichtgute sein Mütchen kühlen und mit nasser, stürmischer Gewalt prahlen. Er tobte samt seiner wilden Spießgesellen ungehindert mit Regenfluten, wildem Gebraus, Blitz, Donner und Hageleis über die Welt. Sich selbst brachte der Sommer dann in Sicherheit und ließ die ungebärdigen Gesellen einfach treiben, was sie wollten. Er kümmerte sich nicht darum, er war ja geschützt. Zum Glück bemerkte der Sommer schließlich seine Pflichtvergessenheit, die diesen unermesslichen Schaden für alles, was lebte, anrichtete. Er bemühte sich noch, die blühende Welt zu schützen, aber was die Plagegeister angerichtet hatten, konnte er nicht mehr zurücknehmen. Dennoch blieb auch da die Hoffnung.
Selbst der sonst so besinnliche Herbst, der für die Reife und letzte Süße der Früchte zuständig war, hatte in diesem Jahr vergessen, die Sonne zum goldenen Oktober einzuladen. Vernachlässigt ohne sein köstliches Aroma hing der ganze kostbare Früchtesegen an seinen Ästen. Inzwischen war die Sonne schon so blass geworden, dass sie keine Süße mehr schaffen konnte. Schließlich musste der Herbst einsehen, dass es in diesem Jahr keine milden herbstlichen Sonnenstrahlen mehr gab. Anstatt Sonnenschein brausten viel zu früh, die Herbststürme mit Nachtfrösten über die Welt und alles Leben hinweg. Der vergessliche

Herbst hatte nicht daran gedacht, dass seine Gaben, alle miteinander noch Zeit gebraucht hätten, um die nötigen Vorräte für den Winter anzulegen. Das ließ sich in diesem Herbst nun nicht mehr machen. Das nasse, kalte Wetter verhinderte bei den Früchten die letzte Reifung und trieb die Tiere verfrüht in ihre Winterquartiere, wo sie vorsichtshalber auch blieben. Sie begnügten sich mit dem Wenigen, das sie zusammengetragen hatten. Aber auch den Menschen ging es nicht anders. Die sonnenhungrigen Zweibeiner vermissten die schmeichelnde Herbstwärme, die sie als Geschenk der Hoffnung bis zum Frühling in den kalten Winter mitnehmen wollten. Zwar besann sich der nachlässige Herbst am Ende noch seiner Pflichten, versuchte mithilfe der letzten milden Herbstsonnenstrahlen sein Versäumnis nachzuholen und zu retten, was noch zu retten war. Aber das half nicht viel, seine Zeit war um. Da konnte auch die Hoffnung nichts dran ändern.

Und erst der Winter. Er machte sich ein Vergnügen daraus, seinen Launen nachzugeben. Wie es ihm einfiel, ließ er es regnen, schneien, alles zu Glatteis werden oder spielte mit den lauen Winden Frühling. Mutter Natur wusste bei diesen Winterspielchen nicht mehr, was sie sollte. Konnte sie zum Wachsen und Blühen aufrufen? Musste sie ihre Pflanzen und Tiere zum Winterschlaf anhalten? Nie konnte sie vorher wissen, was sie machen sollte, denn an jedem neuen Tag hatte der Winter eine andere verrückte Idee. Das alles war der Mutter unbegreiflich. Ihr lieber Winter ließ sich sogar einfallen, an Weihnachten, dem hohen Fest der Liebe, den feierlichen Glitzerschnee im Tauwasser zu versenken. Dabei hatten die Kinder das ganze lange Jahr auf das Christkind mit seinen Gaben warten müssen und nun, als es soweit war, gab es keinen Schnee. Wozu sollten sie ohne Schnee ihre sehnsüchtig erhofften neuen Schlitten, Schlittschuhe oder Skier vom Christkind gebrauchen? Was hatte sich der Win-

ter bloß dabei gedacht? Kinder mit Schlitten, aber ohne Schnee. Das geht doch nicht. Das gesamte Kinderhoffen hatte sich in Wasser aufgelöst.
So konnte das nicht weitergehen, Mutter Natur musste ihre Kinder eindringlich ins Gebet nehmen: „Meine lieben Kinder", ihre ernste Miene ernüchterte die Jahreszeiten, „ich bin unendlich traurig über euer Verhalten. Hatte ich mir doch vorgestellt, ihr würdet mir eines Tages zur Seite stehen. Aber zu meinem Kummer musste ich feststellen, dass ihr überhaupt nicht daran denkt, euren Pflichten ordentlich nachzukommen."
Wie ein kühler Wind strich der Mutter schweres Seufzen über die Welt. „Muss ich mir den Vorwurf machen? Habe ich bei ihrer Erziehung versagt?", fragte die Mutter Natur die Hoffnung, hielt ihre Tränen zurück und gab sich einen Ruck. „Ich werde strenger mit euch sein müssen, denn diese Bummelei soll jetzt ein Ende haben. Ihr seid erwachsen genug für eure wichtige Arbeit. Erledigt sie, wie es sich gehört. Schämt euch eurer Pflichtvergessenheit!"
Das schien Wirkung zu haben, die Jahreszeiten traten mit hochroten, gesenkten Köpfen von einem Bein auf das andere und wagten nicht ihrer Mutter und der Hoffnung ins Gesicht zu schauen. „In Zukunft möchte ich stolz auf euch sein können. Versprecht ihr mir euch zu ändern?" Reuig hoben die Jahreszeiten ihre Köpfe und nickten eifrig. Niemals hatten sie solch schwerwiegende Folgen ihres Leichtsinns erwartet. Keinen einzigen Gedanken verschwendeten sie während ihrer Zeit daran. Aber jetzt mussten sie es einsehen, ihre Mutter beschuldigte sie nicht ohne Grund. Sie schämten sich, sahen ihre Fehler ein und leisteten voller Reue Abbitte.
„Bitte liebe Mutter, entschuldige unseren Leichtsinn. Wir gingen leichtsinnig unserem eigenen Vergnügen nach und dachten keinen Augenblick daran, dass unser Verhalten dem ganzen Jahr

schaden könnte. Aber nun versprechen wir dir ernsthaft, in Zukunft erledigen wir unsere Arbeit gut und ordentlich. Du sollst dich über deine Kinder freuen können und sei bitte nicht mehr böse mit uns, bitte, bitte."
„Meine lieben Kinder, natürlich nehme ich eure Entschuldigung an. Ebenso verzeihe ich euch euren Leichtsinn, aber nur noch dies eine Mal. Um euch zu bewähren, bekommt ihr eine neue Chance. Doch diesmal müsst ihr mir beweisen, dass ihr euch ändert. Selbstverständlich seid und bleibt ihr für alle Zeiten meine Kinder, ich liebe euch wie alle Mütter es tun und gebe die Hoffnung nicht auf."
Lächelnd gab Mutter Natur jedem ihrer Kindern noch einen zärtlichen Kuss, winkte zum Abschied und ging mit der Hoffnung auf das gute Benehmen und die Zuverlässigkeit ihrer Kinder im zukünftigen neuen Jahr. Und wir Menschen?
Auch wir hoffen, wie zu allen Zeiten, dass es im neuen Jahr besser wird.
© Barbara Kopf

## Nikolaus verpasst?

Hast du deine Zeit genutzt,
deine Schuhe blank geputzt?
Wenn nicht,
dann zwinge dich zur Eile
dir bleibt, vielleicht, noch eine Weile.

Stell' geschwind die Schuhe raus
denn heut' Nacht kam der Nikolaus.
Vielleicht hast du ja großes Glück
und er kommt nochmal zurück.
Und füllt sie auf mit all den Sachen,
die dir Spaß und Freude machen.

© Michael Jörchel

## Der alte Mann und der Wald

Weiß die Felder, die Kälte klirrt,
verschneit die Wälder, einsam irrt
ein alter Mann durch den Winterwald
und ihm ist bitterkalt.

Er sieht ein Licht in weiter Ferne.
In der Stube am Kamin säße er jetzt gerne.
Doch er hat kein Zuhause mehr.
Und sein Rucksack, der ist schwer.

Er ist schon stundenlang gelaufen.
Er möchte gern verschnaufen.
Dann hört er das Lachen der Kinder.
Sie freuen sich an diesem Winter.

Er geht hin, lacht mit
ist mittendrin und fühlt sich fit.
Ein alter Mann läuft durch den Fichtenwald.
Er findet sein Zuhause bald.

© Ingrid Hartung

## Winter in Wolfshagen
Bleistiftskizze

© Anneliese Leding

## Winterzauber

Betört von der Schönheit der Winterzeit
werden wir es nicht leid
durch den Schnee zu spazieren
auch wenn wir etwas dabei frieren

Blicken staunend in die Natur
Herzenswärme umgibt uns nur
lachend bauen wir einen Schneemann
prüfen wer mit Schneebällen besser werfen kann

Dankbar schaue ich Euch Beide an
Glück und Zufriedenheit ein Herz bestimmen kann
die Liebe die aus euren Augen strahlt ist Magie
oh Winterzauber, Dich vergesse ich nie

© Frank Laser

## Heiligabend

Ein armes Kind läuft durch die breiten Straßen,
überall kann es die bunten Lichter sehen,
Spielzeug in den Läden, in enormen Massen,
mit off´nen Augen bleibt das Kindlein stehen,
welch Farbenglanz, es ist so wunderschön.

Vor einem strahlend Fenster macht es halt, im Licht,
versteht den Rummel, auch den Trubel drinnen nicht,
es sieht ein Kind am reich gedeckten Tisch,
dort stapeln Getränke, Fleisch und Käse sich,
daneben liegen Gaben, von unsäglichem Gemisch.

Gelangweilt starrt das Kindlein die Geschenke an,
hat all die edlen Dinge hier, in großem Überfluss,
es gibt nichts, was man ihm noch schenken kann,
im Gesicht erkennt man Missmut und Verdruss,
ein Kind, das dazu auch noch lächeln muss.

Dieses Kind besitzt längst schon das Feinste, das Beste,
von den Eltern fest umsorgt, benötigt es nichts mehr,
Ich armer Tropf am Fenster, leb ständig nur von Reste,
verpöne diese Zeiten, auch die Gesellschaft sehr,
kann diese Welt nicht recht versteh´n, nicht das Gehetze.

Doch eines denkt das Kind: Trotz Armut und dem Leiden,
ich weiß trotz allem, wer das meiste Mitleid hat verdient.
Bei dir ist Reichtum, ich bin das Ärmste von uns Beiden,
aber du als stets verwöhnte Göre, bist in Wahrheit blind
und weiß Gott, ein total verarmtes, reiches Kind.

© Horst Rehmann

## Kater Schnurz

Kater Schnurz liegt auf der Lauer,
heute nicht vorm Vogelbauer,
nein, er spürt es, hier im Haus
knuspert eine Weihnachtsmaus.

Dieses kleine Nagetier
ist des Schnurzen sein Begier.
Gerade hat er es entdeckt,
da es sich die Pfötchen leckt.

Mäuschen ist ganz kugelrund,
mit einem Happs in Katers Mund.
Schmeckt so gut nach Mandelkern.
Weihnachtsmäuse frisst er gern.

© Sabine Brauer

### Streifzug

Streifte heute durch den Wald.
Zugegeben, es war kalt.
Die Finken sangen: „Tag,Tag, Willkommen du!"
Der Specht, er klopfte den Takt dazu.

Ein Rotkehlchen bot seine Begleitung an,
und hüpfte von Ast zu Ast sodann.
Ein kleiner Hund kam des Weges daher,
wedelte mit dem Schwänzchen sehr.

Die Sonne küsste mein Gesicht.
Sie wärmte mich mit ihrem Licht.
Zwinkerte, sprach: „Bleib schön gesund!",
malte mir den Himmel bunt.

So wurde ich von Herzen froh
und hüpfte, wie ein kleiner Floh.
„Mein Heiland, ach ich danke dir,
für Freude, die du schenktest mir."

© Sabine Brauer

# Liebeleien

## Jugend

die Jugend fing mit 14 an
da wechselte ich plötzlich dann
von Puppen gleich zum ersten Date
natürlich war's nicht "after eight"
nach der Schule traf man sich
im Cafe bei Hanne Stich
doch diese passte auf sehr gut
so war'n wir ständig auf der Hut
nicht nur was Hand halten betraf
da waren wir doch ziemlich brav
das Rauchen war der Hanne wichtig
dass wir dies unterließen richtig
auch Alkohol war dort tabu
es gab nur Tee mit Keks dazu
doch fühlten wir uns dort sehr groß
trotzdem das Bier für uns nicht floss
rauchen taten wir dann vor der Tür
bis Hanne kam - und ab dafür

© Camaela Regine Stahl

## Wo die Liebe hinfällt

Aline, 11 Jahre, ging öfter mit Renate zu deren Oma auf einen ehemaligen kleinen Bauernhof, da konnte man herrlich spielen. Der Nachbarsjunge Siegfried gefiel dem Kind besonders gut. Die beiden konnten sich nämlich prima miteinander unterhalten. So mitteilungsbedürftig, wie sie waren, gab es immer etwas zu berichten und so quatschten sie miteinander, am liebsten den ganzen Tag.
Nachdem nun öfter ein Bauernhofbesuch stattgefunden hatte und Aline mit Siegfried immer vertrauter geworden war, kam sie eines Tages nach Hause und verkündete uns:
„Siegfried ist jetzt mein Vorverlobter."
Etwas später jedoch, wurde aber wieder Abstand davon genommen, denn der Vorverlobte schoss auf Spatzen, und das gefiel Aline überhaupt nicht. -Sie musste ihm entsagen.-
Heute sind die beiden tatsächlich schon ein altes Ehepaar, Aline hat Siegfried, ihren Vorverlobten dann doch geheiratet. Vorher musste er aber versprechen nie-nie-niemals mehr auf Spatzen zu schießen und das hat er bis heute gehalten. Er schießt wirklich nicht mehr auf Spatzen. Versprochen ist versprochen.

© Barbara Kopf

## Liebesgruß

Einen Drachen lass´ ich steigen,
hab mit Liebe ihn geschmückt,
auf dem Winde soll er reiten,
ich habe ihn zu dir geschickt.

Liebe Grüße soll er bringen,
von meiner Liebe zu dir singen,
dass ich dich im Herzen trag,
jede Nacht und jeden Tag.

Hoch hinaus ist er geflogen,
ganz weit hin zum Regenbogen,
bis hinter einer Wolkenwand,
er dann meinem Blick entschwand.

Und mit sehnsuchtsvollem Herzen,
schaue ich ihm hinterher,
und ich wünschte mir so sehr,
dass ich dieser Drachen wär´.

© Sabine Müller

## Zustände

Was flattert nur in meinem Bauch?
Ich glaube es sind Schmetterlinge.
Ganz weiche Beine hab ich auch
und fühle sonderbare Dinge.

Mal glaube ich, ich würde schweben,
und Purzelbäume schlägt das Herz.
So etwas müsst ihr mal erleben,
das macht euch kirre, ohne Scherz.

Dann fang ich plötzlich an zu weinen,
doch gibt es dafür keinen Grund.
Ich glaube fast man könnte meinen,
ich wäre nicht mehr ganz gesund.

Kann ich ihn nur von fern erkennen,
wird mir erst kalt, dann wieder heiß.
Wie soll man diesen Zustand nennen?
Gibt es hier einen, der das weiß?

© Barbara Kopf

# Frisch verliebt

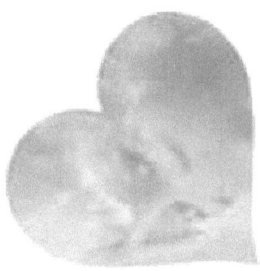

Die Rosen sind rot, die Veilchen sind blau,
frisch verliebt, in den Himmel ich schau.
Ich blick in die Wolken, erkenne ein Herz,
vorbei ist er nun, mein Seelenschmerz.
Schmetterlinge tanzen auf Blumen und Bäumen,
wie schön ist es doch, in die Zukunft zu träumen.

Wir gehen spazieren, hinunter zum See,
dort trifft sich der Hase, der Dachs und das Reh.
Wir sitzen im Grase, in des Baumes Schatten,
der schönste Tag ist's, den wir jemals hatten.
Ein schönes Gefühl, dich zu berühren,
es tut so gut, dich jetzt zu spüren.

Du bringst mir die Sonne,
direkt in mein Herz,
selbst im kalten Winter,
bringst du mir den März.

Bild © Sabine Brauer Text © Michael Jörchel

### Wenn alle Tage jubilieren

Wenn Herzen im Gleichklang schlagen,
und alle Wolken rosa tragen,
wenn alle Lieder heiter klingen,
und die Schmetterlinge swingen,
wenn Albernheit am kichern ist,
und Fröhlichkeit die Seele küßt,
dann ist die ganze Welt fantastisch
sogar ein Regentag bombastisch,
superb schmeckt selbst versalz´ne Suppe,
schwarz und grau, die sind mir schnuppe,
ich mal sie einfach knallbunt an,
weil ich das heut´ total gut kann.

Wenn alle Tage jubilieren,
und Sorgen sich im Nichts verlieren,
wenn Sterne tanzen in der Nacht,
dann ist die Liebe an der Macht.

© Sabine Müller

## Unvergessen

Blicke die nach Liebe fragen
Jugendzeit von Glück erfüllt
die Unendlichkeit von Tagen
die dein Herz nun überquillt,
enden sie auch einst in Kummer
wird die Sonne wieder scheinen
nie vergisst du diesen Sommer
nie vergisst du, diesen Einen.

© Heike Schmidt

## Teenieliebe 2016

Auf dem Schützenfest hat der Tailor mich immer angeschaut und wenn ich zurück geguckt habe, ist der ganz rot angelaufen und hat schnell weggeguckt. Nachher ist er an mir vorbei gelaufen und hat mich wie zufällig am Arm gestupst. Äh, das war voll fett, Digger! Ich glaube, er ist voll in mich verknallt. Fühl mal mein Herz, ich glaub, ich werde ohnmächtig. Morgen in der Schule nehme ich all meinen Mut zusammen und frage, ob er mit mir gehen will. Hoffentlich sagt er dann nicht: „Föhn mich nicht an, Alte..."

© Sabine Brauer

## Die erste große Liebe

Sie kommt ganz sacht,
doch sie schlägt ein
und mit Bedacht
willst niemals wieder Kind du sein.

Der erste Kuss verschmilzt auf deinem Mund.
Bald tust du es allen kund,
dass du nun erwachsen bist,
die Kindheit längst vergessen ist.

Du lebst in einer neuen Welt.
Du bist ihr Held
und wenn sie dann zerbricht,
weinst du im Kerzenlicht.

Die erste große Liebe ist zerronnen
und dennoch hast du was gewonnen.
Erfahrung, die dich reicher macht.
Am nächsten Tag die Sonne lacht.

© Ingrid Hartung

## Sprachlos

Ich möchte dir sagen, wie lieb ich dich hab',
doch fehlen die Worte, mein Wortschatz ist knapp.
Ich will dir gern schreiben, wie gern ich dich hab',
doch lass ich es bleiben, mein Wortschatz ist knapp.

Ich sitze und grüble, und weiß nicht sehr viel.
Sagen was ich fühle, war nie so mein Ziel.
Ich habe Gefühle, doch zeig' ich sie nicht,
ich hoffe du merkst es - ICH LIEBE NUR DICH!

© Michael Jörchel

## Latzhose und Kaugummi

Latzhose und Kaugummi,
rotes Kleid und Schorf am Knie,
im Sandkasten da spielten sie,
er war vier und drei war sie.

Er schenkte ihr sein Kuscheltier,
bekam ihr kleines Herz dafür,
sie sagte, ich werd´s immer lieben,
sie war sechs und er war sieben.

Mit dem Fahrrad fuhren sie,
zum Schwimmen an den Baggersee,
der erste Kuss, er war sehr schön,
im Teeniealter ist´s gescheh´n.

Ein Traum in weiß, er wurde wahr,
im Februar, dann vorm Altar,
sagten sie beide glücklich ja,
Ende zwanzig war´n sie da.

Zur Krönung ihrer Liebe dann,
meldete sich Nachwuchs an,
ein Mädchen namens Amelie,
Anfang dreißig waren sie.

Zum Spielplatz sind sie heut gefahren,
mit ihrer kleinen Amelie,
ein kleiner Junge spielt im Sand,
mit Käppi und mit Schorf am Knie.

Er sprach ihr kleines Mädchen an,
willst du vielleicht ´nen Kaugummi?
Er ist vier und drei ist sie.

© Sabine Müller

## Kribbeln im Bauch

Ich warte, ich warte,
was ist mit dir los?
Ich warte, nun starte,
gib ein paar Küsschen mir bloß.

Ich halte die Augen geschlossen,
habe ein Kribbeln im Bauch.
Wenn du mich jetzt knuddelst,
dann küss ich dich auch.

Bild und Text © Sabine Brauer

## Auf dem Bahnhof

Das Mädchen stand vor der Anzeigetafel und schaute, wann der nächste Zug eintreffen würde. Dann ging es langsam zum Bahnsteig 10, wo in 5 Minuten ein Intercity aus Berlin ankommen sollte.

Das Mädchen gesellte sich zu den Leuten, die offensichtlich Verwandte oder Freunde abholen wollten, um den Anschein zu erwecken, dass es auch mit der Ankunft eines Bekannten rechnete. Neben ihm stand eine Frau mit einem kleinen Jungen, der etwa dreieinhalb Jahre alt sein mochte und seine Mutter ununterbrochen fragte, wann der Papa denn nun endlich käme. Nervös vertröstete die Frau ihn jedes Mal mit einem lakonischen "Bald". Das Mädchen dachte, dass die Mutter freundlicher zu ihrem Sohn sein sollte, der nun zu allem Überfluss auch noch übermütig herum zu hüpfen begann.

Eine alte Frau mit einem Krückstock näherte sich und fragte das Mädchen, ob es auch auf den Berliner warte. Es nickte stumm. Die Alte blickte kritisch auf ihre Armbanduhr und murmelte skeptisch, dass der Zug mit Sicherheit wieder Verspätung haben würde. Dann kramte sie in ihrer Handtasche herum, bis sie ein Taschentuch herauszog und sich lautstark die Nase putzte.

Das Mädchen beneidete eine in Lederjacke und Jeans gekleidete Altersgenossin ein paar Schritte vor ihm. Sie lief ungeduldig auf und ab. Manchmal fuhr sie sich durch das schwarze, lockige Haar, das ihr bis weit über die Schultern reichte. Bestimmt konnte sie die Ankunft ihres Freundes kaum erwarten.

Der Intercity wurde über den Lautsprecher angekündigt. Entgegen der Befürchtung der alten Frau traf er pünktlich ein. Sobald er angehalten hatte, strömten viele Menschen aus dem Zug. Die junge Frau nahm ihren Sohn energisch bei der Hand, denn der Kleine war bereits drauf und dran, der Menschenmasse entgegen zu laufen.

Ein großer, junger Mann in Uniform steuerte auf das schwarzhaarige Mädchen zu. Die beiden umarmten und küssten sich innig.
Die alte Frau schüttelte empört darüber den Kopf und murmelte etwas von der unmöglichen heutigen Jugend. Dann stellte sie sich auf die Zehenspitzen und blickte ängstlich um sich, als fürchte sie, denjenigen, den sie erwartete, zu verpassen.
Nach einer Weile leerte sich der Bahnsteig allmählich. Selbst die alte Frau hatte ihn in Begleitung zweier jüngerer Damen verlassen.
Das Mädchen stand nach wie vor auf derselben Stelle, als schon längst niemand mehr aus dem Zug ausstieg. Hinter seinem Rücken sagte jemand:"Na, er ist wohl nicht mitgekommen, kleine Lady?" Verwirrt wandte sich das Mädchen um und sah in das freundlich lächelnde Gesicht eines blonden Jungen mit einem blau-weißen Schal, der aus einer Gruppe Fußballfans ausgeschert war. Das Mädchen ging schnellen Schrittes davon. Als es scheu zurückblickte, sah es, wie der Junge kopfschüttelnd die Schultern nach oben zog und sich wieder seinen Freunden anschloss.

Ziellos lief das Mädchen in der Bahnhofshalle umher. Dabei dachte es, dass es eigentlich kindisch gewesen war, vor dem Jungen davon zu laufen. Sie hätte ihm doch sagen können, dass sie auf niemanden wartete. Aber das hätte er ihr vielleicht nicht geglaubt, obwohl es die Wahrheit war. Oder es hätte ihn nicht interessiert. Aber warum hatte er sie überhaupt angesprochen? Bestimmt wollte er sich nur über sie lustig machen. Aber eigentlich hatte seine Stimme sehr sympathisch, ja sogar nett geklungen. Sie schüttelte verärgert den Kopf. Es war lächerlich, darüber nachzudenken. Sie würde ihn vermutlich nie wiedersehen, und das war sicher auch gut so.

Das Mädchen stand wieder vor der Anzeigetafel. Es hatte schon drei Züge auf dem Sackbahnhof ankommen sehen und jedes Mal war es dasselbe gewesen. Die Reisenden stiegen aus und die wenigen, die am Bahnsteig erwartet wurden, begrüßten herzlich ihre Abholer, die anderen gingen mit erwartungsfroher oder griesgrämiger Miene ihrer Wege. Das Mädchen blieb immer allein zurück.
Es fragte sich ernsthaft, warum es wartete, ohne jemanden zu erwarten. Es hatte Durst bekommen und wollte in das Bahnhofsrestaurant gehen. Doch vor der Tür standen bereits einige Leute mit Koffern und Taschen. Das Mädchen wusste, dass es sinnlos war, nach einem Platz Ausschau zu halten. Es war alles besetzt. Es schien ihm, als blickten sie die Leute verächtlich an. Sie hatten Recht. Sie gehörte nicht hierher. Sie wollte weder verreisen noch jemanden abholen. Es war wohl besser, wenn sie wieder ins Internat zurückkehrte.

Das Mädchen verließ die Bahnhofshalle. Es hatte aufgehört zu regnen. Aber die Straßen waren noch nass. Ehe sie durch den Tunnel zur Straßenbahnhaltestelle ging, fiel ihr Blick noch einmal auf das mächtige graue Bahnhofsgebäude. Sie wusste nicht, warum sie dorthin gegangen war. Vielleicht nur, weil ihr Jura in Smolensk gesagt hatte, dass er, wenn er in schlechter Stimmung war, auf den Bahnhof ging, um dort Zerstreuung und Kontakt zu

finden. Aber sie war nicht Jura, und sie war auch nicht mehr in Smolensk...
Und hier konnte man vermutlich ewig warten, bis etwas geschah.

Das Mädchen stieg die Stufen in den Tunnel hinunter und beschleunigte dann seinen Schritt. Es erschrak, als es spürte, dass jemand hinter ihm her rannte. Ein langer blau-weißer Schal flatterte über seinen Kopf, ihr Verfolger bremste auf ihrer Höhe ab und legte seine linke Hand auf ihre Schulter. "Hab keine Angst, kleine Lady! Ich wollte dich nur fragen, ob ich dich auf einen Kaffee einladen darf." Seine Stimme war freundlich, und er lächelte. Sie nickte und meinte schüchtern:"Ich heiße übrigens Iris." Er reichte ihr seine rechte Hand. "Ich bin Christian, meine Freunde nennen mich Chris. Aber jetzt lass uns erst einmal ein gemütliches Cafe aufsuchen bei diesem scheußlichen Wetter.", erwiderte er und zog sie mit sich.

© Ingrid Hartung

**Junges Mädchen**

© Anneliese Leding

## Schenk mir keinen Stern

Du sollst mir keine Sterne schenken,
die werden nur im Zimmer stehen.
Was sollen auch die Anderen denken
wenn sie, am Himmel, nichts mehr sehen.

Ein Stern leuchtet am Himmelszelt,
schon viele hundert Jahr.
Hell erstrahlt er auf die Welt,
auf jedes Liebespaar.

Wenn die Sterne nicht mehr sind
und der Himmel plötzlich leer
dann ist des Nachts die Liebe blind
und Romantik gibt's nicht mehr.

Schenk mir also keinen Stern,
doch sei selbst einer für mich.
Sag mir nur ich hab dich gern
dann liebe ich auch dich.

© Michael Jörchel